世界五千年
科技故事丛书

卢嘉锡 题

世界五千年科技故事丛书

真理在烈火中闪光

布鲁诺的故事

丛书主编 管成学 赵骥民

编著 李立志 田 梦

吉林出版集团 | 吉林科学技术出版社

图书在版编目（CIP）数据

真理在烈火中闪光：布鲁诺的故事 / 管成学，赵骥民主编.
-- 长春：吉林科学技术出版社，2012.10（2022.1 重印）
ISBN 978-7-5384-6151-0

Ⅰ.① 真… Ⅱ.① 管… ② 赵… Ⅲ.① 布鲁诺，G.（1548～1600）
－生平事迹－通俗读物 Ⅳ.① B503.923-49

中国版本图书馆CIP数据核字（2012）第156341号

真理在烈火中闪光：布鲁诺的故事

主　　编	管成学　赵骥民	
出 版 人	宛　霞	
选题策划	张瑛琳	
责任编辑	潘竞翔	
封面设计	新华智品	
制　　版	长春美印图文设计有限公司	
开　　本	640mm×960mm　1 / 16	
字　　数	100千字	
印　　张	7.5	
版　　次	2012年10月第1版	
印　　次	2022年1月第4次印刷	

出　　版　　吉林出版集团
　　　　　　吉林科学技术出版社
发　　行　　吉林科学技术出版社
地　　址　　长春市净月区福祉大路 5788 号
邮　　编　　130118
发行部电话 / 传真　0431-81629529　81629530　81629531
　　　　　　　　　　81629532　81629533　81629534

储运部电话　0431-86059116
编辑部电话　0431-81629518
网　　址　　www.jlstp.net
印　　刷　　北京一鑫印务有限责任公司

书　　号　　ISBN 978-7-5384-6151-0
定　　价　　33.00元

序 言

十一届全国人大副委员长、中国科学院前院长、两院院士

路甬祥

　　放眼21世纪，科学技术将以无法想象的速度迅猛发展，知识经济将全面崛起，国际竞争与合作将出现前所未有的激烈和广泛局面。在严峻的挑战面前，中华民族靠什么屹立于世界民族之林？靠人才，靠德、智、体、能、美全面发展的一代新人。今天的中小学生届时将要肩负起民族强盛的历史使命。为此，我们的知识界、出版界都应责无旁贷地多为他们提供丰富的精神养料。现在，一套大型的向广大青少年传播世界科学技术史知识的科普读物《世

界五千年科技故事丛书》出版面世了。

由中国科学院自然科学研究所、清华大学科技史暨古文献研究所、中国中医研究院医史文献研究所和温州师范学院、吉林省科普作家协会的同志们共同撰写的这套丛书，以世界五千年科学技术史为经，以各时代杰出的科技精英的科技创新活动作纬，勾画了世界科技发展的生动图景。作者着力于科学性与可读性相结合，思想性与趣味性相结合，历史性与时代性相结合，通过故事来讲述科学发现的真实历史条件和科学工作的艰苦性。本书中介绍了科学家们独立思考、敢于怀疑、勇于创新、百折不挠、求真务实的科学精神和他们在工作生活中宝贵的协作、友爱、宽容的人文精神。使青少年读者从科学家的故事中感受科学大师们的智慧、科学的思维方法和实验方法，受到有益的思想启迪。从有关人类重大科技活动的故事中，引起对人类社会发展重大问题的密切关注，全面地理解科学，树立正确的科学观，在知识经济时代理智地对待科学、对待社会、对待人生。阅读这套丛书是对课本的很好补充，是进行素质教育的理想读物。

读史使人明智。在历史的长河中，中华民族曾经创造了灿烂的科技文明，明代以前我国的科技一直处于世界领先地位，涌现出张衡、张仲景、祖冲之、僧一行、沈括、郭守敬、李时珍、徐光启、宋应星这样一批具有世界影响的科学家，而在近现代，中国具有世界级影响的科学家并不多，与我们这个有着13亿人口的泱泱大国并不相称，与世界先进科技水平相比较，在总体上我国的科技水平还存在着较大差距。当今世界各国都把科学技术视为推动社会发展的巨大动力，把培养科技创新人才当做提高创新能力的战略方针。我国也不失时机地确立了科技兴国战略，确立了全面实施素质教育，提高全民素质，培养适应21世纪需要的创新人才的战略决策。党的十六大又提出要形成全民学习、终身学习的学习型社会，形成比较完善的科技和文化创新体系。要全面建设小康社会，加快推进社会主义现代化建设，我们需要一代具有创新精神的人才，需要更多更伟大的科学家和工程技术人才。我真诚地希望这套丛书能激发青少年爱祖国、爱科学的热情，树立起献身科技事业的信念，努力拼搏，勇攀高峰，争当新世纪的优秀科技创新人才。

目　录

目 录

熊熊燃烧的烈火

公元1600年2月17日，凌晨两点，意大利罗马城笼罩在一片茫茫夜色之中。全城的居民都已进入梦乡，呈现出死一般的寂静。突然，罗马教堂钟楼上响起一阵急促的钟声。凄厉的钟声划破夜空，传进千家万户，把沉睡中的人们从梦中惊醒。全城立刻骚动起来，因为这是实施火刑的信号。人们纷纷穿衣起床，走出家门，向火刑刑场——鲜花广场涌去。

夜依然是黑沉沉的，刺骨的寒风呼啸着，使

人们感到阵阵寒意。这时，只见一长队僧侣从远处走来。他们头上戴着可怖的、仅露着两只眼睛的高兜帽，准备为受刑的人祈祷，超度亡灵。为首的两个神甫，右手不停地划着十字，口中念念有词，正向被押解的犯人进行规劝：

"上帝是仁慈的，只要你能放弃异端学说，即可免刑。"

回答他们的是一个斩钉截铁的声音："我宁可做一个烈士就义，也绝不会放弃自己的观点！"

"你不要执迷不悟，熊熊的烈火会把你烧成灰烬的！"一个神甫两眼露出凶光，威胁说。

"烈火并不能征服我。你们可以把我烧成灰烬，但是，真理是烧不毁的，未来的世纪会了解我，知道我的价值的！"回答铿锵有力。

神甫们从牢房一直劝到火刑场，尽管费尽口舌，也丝毫没有动摇犯人那坚定的信念，得到的只是有力的反击。

广场周围，人越聚越多。一束束点燃的火把

照亮了黎明前的黑暗。不一会儿，犯人被带进戒备森严的火刑场上来了。人们的目光情不自禁地向犯人望去，只见他穿着褴褛的衣衫，迈着坚定而沉重的脚步，径直向广场中央的火刑柱走去。走到火刑柱旁，他转过身，昂首挺胸，神态自若地屹立在那里，仿佛他不是一个死囚犯，倒像是一个凯旋的英雄。目睹这悲壮的场面，围观的人们无不为之感动，不禁从心底里涌出一股对这位视死如归的壮士的无比崇敬和钦佩之情。许多人的眼里闪着泪花。这时只见一个手持火把的刽子手，走到犯人面前，嘲弄他道：”布鲁诺，你的末日到了，还有什么要说！”原来这个犯人就是意大利著名哲学家、天文学家乔尔丹诺·布鲁诺（Giordano Bruno，1548—1600）。因为他不顾教会三令五申的禁令，热情支持和宣传哥白尼的"日心地动学说"，强烈抨击教会信奉的陈腐观念，而被教会当局判为"异端分子"，并处以火刑。

此时此刻，布鲁诺在即将告别人世之时，回

顾他为真理而英勇奋斗的一生，丝毫没有后悔自己的选择，在他看来为真理而斗争就是人生最大的乐趣。烈火可以夺去生命，但夺不去人们对真理的追求。

面对凶恶的刽子手的嘲弄，布鲁诺冷冷地一笑，大声讲道："黑暗即将过去，黎明就要来临，真理终将战胜邪恶！"

听了布鲁诺这一番豪言壮语，刽子手们顿时惊慌失措，目瞪口呆。一个满脸横肉的家伙，赶紧走上前去，凶狠地用力拉出了布鲁诺的舌头，用一个特制的木夹子夹住，生怕布鲁诺在刑场上发表演说，再次向人们发出真理的呼声。

一伙气势汹汹的刽子手走到布鲁诺身边，粗暴地扯掉了他身上的衣服，把一块浸满了硫黄、画满了火舌的粗布片披在他身上，然后又用铁链将布鲁诺捆绑在高高的火刑柱上。刽子手们还不罢休，他们用湿绳子再次将布鲁诺紧紧地捆起来，为的是在大火点燃时绳子收缩，会深深地陷入肉中，使被处决者更加疼痛。多么残忍的刽子手啊！

布鲁诺的著作，被堆放在他的脚下，准备一起烧掉。

接着，刽子手们把一桶滚烫的油浇在布鲁诺身上，然后点燃了堆放在火刑柱周围的干树枝，烈火熊熊燃烧起来了。

烈火中的布鲁诺依然是那样镇定自若，视死如归。只见他目光炯炯，傲视前方。这时，一个刻有耶稣受难像的十字架向布鲁诺面前伸过去，这是对死者例行的最后一次考验，考验他在生命的最后一息对宗教的态度：如果去吻它，就意味着和解，意味着悔罪。但是布鲁诺这位正义浩然、铁骨铮铮的汉子，却轻蔑地、愤慨地将脸扭了过去。

熊熊的烈火越烧越旺，火光映红了鲜花广场，映红了夜空。布鲁诺那瘦削的脸上泛着红光，仿佛整个世界都变成了一片火海。……

事有凑巧，就在烧死布鲁诺的这一天，布鲁诺家乡的维苏威火山发生猛烈爆发，那隆隆的轰鸣声，百倍千倍地超过教堂的钟声，那巨大的自然之力，震撼着地球，动摇着鬼神世界。火山引发了强烈的地震。大地的震撼传到罗马城，惊动了当时在纳沃纳广场上的一大群牛，惊恐的牛挣脱了绳索，沿街四处拼命奔跑，连挤带撞，酿成死伤数百人的惨剧。为此，当地的人传说着："上帝对罗马教皇发怒了，维苏威火山为烧死布鲁诺而大发雷霆了。"虽然布鲁诺的牺牲与维苏威火山爆发毫无牵扯，但人们的议论却从另一侧面反映了当时他们对罗马教廷的憎恨和对英雄布鲁诺的敬爱。

　　布鲁诺在熊熊的烈火中离开了人世，然而他那种为了科学真理而英勇奋斗、不屈不挠的献身精神，却给后人留下了无限的敬意和怀念。他永远激励着人们在科学的道路上不断奋进。他的光辉形象永远活在人们心中！

诺拉人的童年

　　1548年初，布鲁诺出生在意大利南部一个古老的小镇诺拉。他出生后受洗礼时取名菲力波。

　　诺拉镇位于意大利沿海名城那不勒斯东北约24千米，属于特拉·迪·拉沃罗省的坎帕尼亚区，当时受西班牙统治。小镇风景优美，文化历史悠久。它南傍群山，西临大海，东面是一望无际的绿色原野。远处可见高耸入云、举世闻名的维苏威火山。就在这个依山傍水的小镇上，布鲁诺度过了他难忘的童年时代。长大后，布鲁诺长期漂泊异国他乡，但一刻也没有忘记他的故乡。在各种社会活动中，他常自称"诺拉人"，并把自己的哲学称之为"诺拉哲学"，充分表达了他对故乡诺拉镇的深厚感情。

布鲁诺的父亲乔万尼·布鲁诺，是个破落的小贵族，早年曾在那不勒斯总督的骑兵团当骑手，但年俸很低，平均每年的薪饷仅60个杜卡特。当时罗马的下级官吏每年薪俸为200—300个杜卡特，可见他的收入是相当微薄的。

1545年，乔万尼·布鲁诺因生活窘迫，不得不携妻洛丽莎·萨瓦琳娜迁居到诺拉镇近郊契卡拉山脚下的圣乔万尼·德·契斯柯村。小布鲁诺出生时，他的家境已是相当贫寒，仅有一小块土地，一个不大的果园，一座破旧的房子还是外祖父留给他们的。他们的田园里种植樱桃、苹果、梨、栗子等果树，还有意大利久负盛名的那不勒斯甜瓜和西瓜，有时还在牛粪中繁殖食用蜗牛。全家人辛勤耕作，靠劳动为生，日子过得虽不富裕，却也可以维持温饱。

布鲁诺自幼思想活跃，勤思好问，身边发生的各种事情对于他来说，都是那样的新奇、有趣，勤快的手脚总是在忙个不停，灵巧的小嘴在大人面前总是问这问那，提起问题来更是没完没了：天有多高？地有多大？一年为什么有四季？大海为什么会涨潮落潮……有些问题连大人们也难以回答。

随着岁月的流逝，小布鲁诺渐渐长大了，到了该上学的年龄，由于家里经济状况不佳，实在是拿不出一大笔钱来供他上学读书。看到同龄的富家子弟们高高兴兴地背着书包到教会学校去上学，求知欲极强的布鲁诺羡慕极了。他多么想上学读书啊！

父母对幼年布鲁诺的管教是十分宽松的，听其自然发展，让孩子在观察生活中进行学习。这大概成为他后来不接受神学欺骗，不信神，不怕鬼的人生观与唯物的世界观的基础。正如他所说的那样："当我还是个孩子的时候，我父母教给我的首先便是怀疑，他们并使我懂得：距离能改变事物的面貌——尽管事物的本质并不因此而发生变化，到处都展现出宇宙的壮丽。"可见在布鲁诺幼小心灵里早就种下了"怀疑"的种子。

布鲁诺有着惊人的记忆力，童年时代发生的各种趣事，他都记在心里，并在后来多次出现在他的论文和其他一些著作中。在他用拉丁文写的论文《印迹的印迹》中，曾记述小时候的一段故事："有一回，当我被褓襁包着，一个人躺在房间里的时候，我看见一条巨蛇从我家墙缝里爬了出来，由于心灵极为震惊，我竟用十分清晰的声音喊来了隔壁房间里的父亲。他同家中其他的人跑了来，他抓起一根棍子便跟蛇搏斗起来，一面愤怒地骂着。我真不敢相信，我竟能懂得父亲以及其他为我担惊受怕的人的心。不过，事过多年之后，我，仿佛从睡梦中醒来，当向父母提起这件他们已完全忘却的事时，他们都大为惊讶。"

布鲁诺的舅父什皮奥涅·萨沃林诺对于宗教仪式满不在乎的态度，对外甥产生了潜移默化的影响，使他从小就嘲笑诺拉人的粗俗的、荒诞的迷信活动。布鲁诺后来在自己的著作中叙述的大量迷信的奇闻轶事，其素材许多是来自本人童年时代的家乡社会生活。家乡许多贫苦、善良但又迷信的亲朋，给他留下了极为深刻的印象，成了他后来著作中对话人物的原型。

　　布鲁诺自幼聪明好学，本教区的神父教他学习教义问答，教他读书写字。他对学习有着浓厚的兴趣，刻苦用功，进步很快，对神父教他的东西他很快就能学会。他不仅能读讲许多圣经故事，还熟读了许多名人的诗篇。他尤其喜爱出生于诺拉镇的著名诗人——罗道维柯·汤希洛（1510—1568）的诗，他熟记诗中"人得到翅膀，应当凌空翱翔，不怕跌落死亡"的佳句，并从中受到鼓舞。后来布鲁诺在《论英雄激情》一书中写道："有价值地英勇死去，胜过无价值的卑鄙地凯旋。"这两句话成为他终生的座右铭。

布鲁诺从小酷爱大自然，更喜欢故乡的山水风光、一草一木，喜欢到大自然中漫步，观察，学习，经风雨见世面。每当他投入大自然的怀抱，就像出了笼的小鸟一样，心胸豁然开朗。美丽的自然风光，变化无常的自然现象，激起了他的浓厚的兴趣。在大自然里他不仅丰富了自己的知识，陶冶了情操，更磨炼了坚强的意志，同时也给他留下了无数美好的回忆。在他日后的作品里，回忆起小时候郊游情景时依然感慨万分："小时候，来到契卡拉山顶，举目远眺，一望无际的美妙景色尽收眼底：西边是波光粼粼的湛蓝的大海。东边是坎帕尼亚绿色的原野，其间一座座葡萄园闪闪烁烁放出碧绿的光彩。南边群山竞秀，山上野草鲜花五彩缤纷，真令人陶醉。"少年时代的布鲁诺经常在这美丽的自然环境里，凝视着大自然，一心想发现大自然的奥秘。

观察维苏威火山是少年布鲁诺最大的爱好。

站在家乡的契卡拉山上，向着维苏威方向举目远眺，只见一座大山巍然耸立，与苍天连在一起，遮住了天边的地平线，山峰嶙峋直插云霄。山上烟雾缭绕，扑朔迷离。走近维苏威火山前，则别有一番景象。在这座圆锥形的高大孤山上，黑石头覆盖着锥顶和山坡。山上到处可见火山爆发时喷出的熔岩流和火舌舔过的印迹。尤其是维苏威山尖上空的烟云和地下涌出的热气腾腾的泉水，向人们显示了火的威力。这壮丽的自然景象在少年布鲁诺心灵里，种下了大自然的唯物世界的种子。后来布鲁诺在他的著作中写道：火是万有的实体，并且无异于有生命的精神的实体。他到处都看到由火引生的发自地下的力量。他描述他的祖国是："火的种子创造生命，火到处燃烧，闪闪发光，并从各个地方弥散开来，由此产生了台尔梅（意大利西西里岛一城市），由此产生了热气腾腾的源泉，由此产生了含盐的海峡，由此产生了硫矿山，由此产了苦矿沥青，由此出现了那个通往地狱的错综复杂的入口（此处是指那不勒斯附近的一个湖，古人认为这里是地狱的入口）。由此出现了西西里岛上那个以狭谷著称的陡峭的埃特纳火山。"特别是当他翻阅到维苏威火山在公元79年8月爆发时，火山灰掩埋了庞贝城，有两万多居民丧生的记录时，更是感受到火的威力。这时他开始认识到，自然界的变化，庞贝城的毁灭，居民的丧生，都应归于地球本身的变化，而绝非神力所能造成的。

孩提时代的布鲁诺非常喜欢观察夜空并富于想象。在晴朗的夜晚，望着夜空中那数不清的闪烁的群星，他的思绪常常会飘得很远很远：星星为什么会发光？它们距我们有多远？月亮为什么会出现盈亏变化……这时，在他幼小的心灵里，群星璀璨的夜空犹如一座大迷宫，那里有无数未解之谜，将来他要尝试解开这些谜，要去探索神秘星空的奥秘。一天夜晚，他看到一颗流星飞驰而过，便以为这是其他世界派出的信使。此外，布鲁诺小时候对星座、闪电、日出等许多天象也十分留意。

1558年大约11岁的布鲁诺从诺拉镇来到繁华的大城市那不勒斯，先在一所私立的人文主义学校读书。在这里6年的学习中，他学过文学、逻辑学及论辩述等课程。由于他学习刻苦努力，学业极佳。在课外他还偷偷地阅读了一些新书、禁书，参加过一些社会活动。如听学者们的讲座，参加学者们的小组或学园组织的论辩会。在此期间他有幸接触了一些著名的学者，例如泰奥非洛·达·魏拉诺（1496—1554）、西蒙·波尔齐奥·特勒肖（1509—1588）、尼古拉·弗朗哥（1515—1570）及蒋·德·波尔塔（1541—1615）等人。布鲁诺在与他们交往的过程中，倾听了他们中间有识之士的一些独到见解和深刻的思想，受到了极大的启发和教育，如魏拉诺是当时著名学者，布鲁诺听过他的逻辑课，受益匪浅，后来曾亲切地称他为启蒙老师。波尔齐奥是继承了彭波那齐观点的著名思想家，他反对教会宣传的灵魂不死的学说，在他所写的著作中把物质称为一切可动者产生的本原和发祥地。特勒尚号召人们抛开教会和世俗的权威，驳斥了亚里士多德关于第一推动者的学说，证明天与地在物质本性上是统一的，强调物质是永恒的，不生不灭的客观存在，物质是产生感觉的基础。主张用实验的方法研究自然界。弗朗哥在他的讽刺性小册子中，大胆地揭露了僧侣、修道士及罗马教皇的丑恶行径，批判了各种迷信与偏见，盛赞大自然的无限创造力。波尔塔是当时《自然之奥秘》学园的主持人，他主张认识人应当首先弄清人体的各种器官构造，揭开人的自然结构的秘密。上述学者们的进步思想和渊博的学识，给了布鲁诺以终生难以忘怀的印象。从他们那里，布鲁诺不仅学到了许多知识，也学会了观察事物的方法，提高了明辨是非的能力，从而使布鲁诺在心灵深处发生了极为深刻的变化。

在圣多米尼克修道院

  1565年6月15日，布鲁诺想到大学去深造，但是由于家境贫寒，不仅没钱进入意大利的名牌大学，也无力在本地的那不勒斯大学就读。求学心切的布鲁诺，只好进入圣多米尼克修道院，作为一名见习修士，他取道名乔尔丹诺·布鲁诺。接纳他的是当时修道院院长，一位名叫安布罗琪奥·帕斯库阿大师的神父。翌年按期转正，他在这里一直待到1576年，度过了为期11年的僧侣生活。

圣多米尼克修道院极为富有，不但在意大利首屈一指，就是在全欧洲也是久负盛名的。修道院规模很大，全院约有200名僧侣，其中包括见习修士（学徒）、学校学生、教师、神学教授，当权的上层分子和宗教裁判官。这所修道院保持了经院哲学的学术传统，其主要任务是为教会培养神学家。该院的图书馆十分宏伟，是欧洲藏书最丰富的图书馆之一。

年轻的布鲁诺本来生性勤奋好学，求知若渴。进人圣多米尼克修道院后，在修道院的图书馆里，他熟读了哲圣亚里士多德的著作，犹太、阿拉伯、基督教的学者注释亚里士多德的著作，还读了许多著名哲学家、科学家的著作及喜剧家和诗人的作品。他博览群书，通晓各种学问。在学习过程中，布鲁诺表现出惊人的记忆力，对一些警句及精彩的章节，看后可以倒背如流。他还能滚瓜烂熟地背诵86首赞美诗。圣多米尼克僧团曾把他作为见习修士中的佼佼者引见给教皇。在修道院里，布鲁诺还置教会的禁令于不顾，大胆地阅读了许多进步书籍，其中有许多禁书，从而使他深受进步思想的影响，并逐渐形成了他与教会对立的世界观，他的思想和言行始终与教会格格不入，在修道院生活中也屡屡违犯教规。

布鲁诺从18岁（1566）起，便开始反对崇拜圣像。有一次他竟把圣像从他的僧房里扔了出去，这一举动立刻在修道院中引起了一场轩然大波，布鲁诺也因此受到严厉的谴责。还有一天，布鲁诺看见一个见习修道士在很用心地阅读一本荒谬无聊的圣母七喜的小说，便奉劝他别白白浪费时间，应该去读点有用的东西，这也被僧侣们指责为冒犯圣母的狂妄行为。这次，幸亏老院长安布罗琪奥因其勤奋好学，对他只规劝一番了事。否则后果不堪设想。

布鲁诺进入修道院后不久，就开始对三位一体的宗教又产生了怀疑。他不相信一个上帝会有三个化身，并提出上帝与自然等同的观点。把上帝的永恒性、无限性等特点搬到自然身上，这是他后来有关物质永恒、宇宙无限、物质本身自我运动等观点的萌芽。

16世纪，意大利教会的教士成分是十分复杂的，其中不乏一些满嘴仁义道德，实际男盗女娼之徒。他们中有忏悔室里犯罪的神父，有道貌岸然酷嗜同性的主教，有担心鼠疫染身而及时寻欢作乐的修女，还有秃了顶仍奸污幼女的败类。布鲁诺对这类人物深恶痛绝，他在《印迹的印迹》一文中写道："他们（指僧侣）当中的大多数人却逃避劳动，逃避按照人的本性所应该做的事情，而沉湎于无所事事，饕餮暴食的生活，只有为数极少的人才把真正的灵魂美当做追求的目标。所以，如你所看到的，他们都不再与那些从事有益职业的人们交往。如果这样的人出现在他们中间，那形同犯罪的、龌龊的、心怀嫉妒的大多数就会向他们猛扑过去。甚至他们当中最知名的人物，他们的博士，由于不正当地利用闲散日子，而变成了卑鄙透顶的寄生虫。他们力图破坏人类的和民间的团结，他们教导人们肆无忌惮地行凶作恶，相信一些莫名其妙的龌龊臆想……我认为，秉公而论，应该把他们作为我们这个世纪的祸害，作为毛虫和蝗虫，加以灭绝，作为蝎子和毒蛇，斩尽杀光。"可见布鲁诺对这些人恨之入骨，欲除之而后快。正是这些教会人士中的败类，在社会上为所欲为，祸国殃民，造成了极坏的影响。当时的人们，其中包括教会的权威，曾把男修道院描述为盗匪的巢穴，把女修道院描述为妓院。

布鲁诺的师兄弟中，就有很多人不学无术，酗酒、打架、寻花问柳、放荡无度。对他们的丑恶行径，布鲁诺看在眼里，恨在心头，由此引起了他对圣多米尼克僧团的极端鄙视和仇恨。他在他的拉丁文著作《劝说术》中指出："谁提到僧侣，他就是用这个词表示迷信，表示吝啬与贪婪的化身，表示假仁假义的活现以及一切恶行的总和。如果你想用一个词来表达这一切，那就请说：'僧侣'。"目睹师兄弟们的放荡行为，布鲁诺多次给予无情地痛击，由此引起他们对布鲁诺的强烈不满。有些人还暗地里收集布鲁诺的黑材料，把布鲁诺平时的异端言行一一记下来，向修道院院长添枝加叶地汇报，因此布鲁诺的处境十分困难。

在修道院复杂的生活环境中，布鲁诺从不随波逐流，而是排除各种不良干扰，潜心研读。凭借顽强不息的自学，他掌握了极丰富的知识。为他日后的发明创造、著书立说打下了十分坚实的基础，乃至后来成为知识渊博、闻名全欧的著名学者。

在圣多米尼克修道院，布鲁诺按当时的规定完成了学业。学习拉丁语和《圣经》两年，学习逻辑学两年，学习自然科学两年，而修神学则用了4年。他在结业前进行博士论文写作时，老师给他出的两个题目是：一、"凡有箴言大师所说的皆为真理"；二、"凡是《反异教大全》（即托马斯·阿奎那所著的《神学大全》）中所述的都是真理"。题目本身明显地表示只能说是，并给予论证，而不容有任何怀疑。1576年，28岁的布鲁诺克制内心的痛苦，违心地完成论文，顺利地通过了答辩，取得了神学博士学位。可从想象，凭布鲁诺的才华，假如当初按着教会的调子去干，顺从教会的意图行事，肯定会青云直上，前途无量的，甚至会成为教会显贵。因为他是修道院有名的高才生，当时，天主教的最高学府——罗马明哲学院正好需要一批优秀人才，布鲁诺的入选是毫无问题的。以往，这个修道院的不少道士，平步青云，有的当上了大学教授，有的成为修道院学校的校长，有的成了大主教，有的成了教会显要人物。然而，布鲁诺却丝毫不为高官厚禄所动，他宁可为科学、为真理而艰苦奋斗。也不愿做追名逐利的宗教新贵，更不愿成为一个宗教的卫士。

有一天，僧团中一位受人尊崇的神学家阿古斯提·达·蒙塔尔齐诺，发起组织一次辩论会，题目是对公元4世纪的"异端分子"亚历山大的修道士阿里安展开批判。当时阿里安曾激烈反对三位一体的宗教教义，被教会视为异端分子。在辩论会上，阿古斯提首先发言，在发言中他肆意贬低阿里安，歪曲阿里安的思想，把阿里安说成根本不懂基本概念的无知之徒，说他"思想简单，无知而且狂妄"。这种对异教徒的指责在当时即使再过分也被视为正常，而且会受到当局的赞扬。可是人们万万没有料到，他的话刚刚讲完，布鲁诺竟走向辩台，大胆地当场向这位权威人士提出挑战，替阿里安辩解。他指责阿古斯提在发言中完全歪曲了阿里安的思想。提出："阿里安思想敏锐，观点明确，他对三位一体的宗教教义的批判是有道理的。他的历史地位，不亚于教会神父。只是到了后来，教会神甫们用自己的权力，极力歪曲阿里安的观点，这是很不明智的作法，也是很不公正的。"布鲁诺的发言引起了极大的震动，会场因而大乱。他刚一讲完，那些顽固的僧侣们就一哄而上，疯狂地对布鲁诺进行围攻，谩骂，乃至拳脚相加。个别极端分子甚至大喊道："烧死他，烧死他！"在几位有正义感的僧侣的帮助下，布鲁诺才得以走出重围，回到僧房。辩论会不欢而散。

回到自己的僧房已是深夜时分了，布鲁诺深知这次自己闯下大祸，意识到已无法在这里继续待下去了。正在这时，他的一个朋友来找他，悄悄地告诉他说："赶快逃走吧，教会僧侣们很快就要来抓你了。他们要把你送往宗教裁判所，到那儿不是被判死刑，就是流放做苦役。"情况十分紧急，布鲁诺只好简单收拾一下行装，连夜出走，逃出圣多米尼克修道院。

布鲁诺逃走的当天，他的僧房便被查抄。他们查出德国人文主义学者伊拉斯谟作注的图书多种及其他一些被视为异端学说的著作，这些著作大都对教会和罗马教皇的世俗权力进行了谴责，对教会聚敛财富和僧侣的虚伪进行了无情的抨击。这些著作已被教会列为禁书，仅窝藏禁书一罪，布鲁诺便可被定为异端分子了，何况宗教裁判所还拼凑了几十条罪状呢！

流亡瑞士

布鲁诺逃出圣多米尼克修道院后，来到罗马的圣玛利亚·德拉·米内尔瓦修道院避难。不久，听说他逃离圣多米尼克修道院后，宗教裁判官们查抄了他在那里的住处并搜出禁书，预感到事态严重，为了免于受到进一步迫害和被捕，他决定立刻逃走。就这样，在1576年春，布鲁诺毅然脱掉僧衣，逃离罗马，开始了长年漂泊的艰辛生活。

1576年4月，布鲁诺来到意大利北部的城市热那亚。这时一场巨大的灾难正在意大利各地蔓延着。一个个城市遭受鼠疫的侵袭，黑色的死神威胁着人们的生命。许多有钱人被迫抛弃了城里的豪华宅第，去了乡间的庄园。在人口密集的街区，穷人成百上千地死去。惨状令人目不忍睹。胆战心惊的人们，关严了门窗过日子，连亲朋好友也不让登门，有的人长时间地跪着祷告，有的人则拼命喝酒为驱瘟，寻求得救的办法无奇不有。然而，离群索居也好，用烟酒消毒也好，祈祷也好，圣水也好，都无济于事，都没能阻止住可怕的瘟疫。在热那亚，鼠疫还没有流行，但人们已处于惶惶不安之中了。他们把希望寄托于圣徒、圣物，乞求保佑平安。在热那亚一座古老的教堂，保藏着一件圣物：一条圣驴尾巴。据僧侣们说，这就是把我们的主从橄榄山驮到耶路撒冷的那头驴子的神圣干尸。每到复活节前的礼拜天，这件珍奇的圣物便请出来，供信徒们瞻仰膜拜。

布鲁诺来到热那亚之时，正值大斋期的末尾，对圣物的崇拜更是盛况空前：在春天的鲜花和神幡中间站着僧侣，四面八方都是人山人海。僧侣们展览着圣驴尾巴，得意洋洋地大声喊道："不要摸，要吻。这就是有幸把我们的主从橄榄山驮到耶路撒冷去的那头极幸福的驴子神圣干尸。你们拜吧，吻吧，布施吧！你们将受到百倍的报偿并将获得永生！"人们拥挤着，奋不顾身地挤到圣物跟前，吻着毛茸茸的尾巴，浑身一阵神秘的战栗，钱叮叮地响着，纷纷撒落。看到这里，布鲁诺心里有一种说不出的感觉，不知是同情，是可悲，还是恨自己无能为力能挽救受苦受难的同胞。

但是神圣的驴尾巴也没有使热那亚逃脱鼠疫，可怕的流行病还是无情地蔓延到热那亚。布鲁诺这时身无分文，原打算在这里靠教学挣钱糊口，可是瘟疫开始流行，根本无人聘用教师。因此他在热那亚仅呆了很短时间便离开了。

1576年5月，布鲁诺来到海滨小镇诺利。小镇十分宁静，港湾景色如画，由于几座大山的阻隔，使它成为一个孤立的、与外界联系很少的世外桃源。在这里，布鲁诺第一次享受到不受宗教裁判所特务跟踪的安宁。可是在诺利要找到使他称心如意的工作却很难，布鲁诺过去对语法从心里厌恶，现在只得强自克制，教起小孩子来，给几位富家子弟讲授语法和天文课。因而布鲁诺除了有了一点薪水，还有相当充裕的时间。于是他花了很多时间去钻研学问。但布鲁诺在诺利仍很苦恼，因为他的志向并非一辈子在这个闭塞的小镇教书。因此，几个月后，布鲁诺便动身离开诺利，辗转来到了威尼斯。

意大利著名水城威尼斯，素有"亚得里亚海的珍珠"之美称，风景优美，交通便利，商业发达，并以它浓厚的自由的学术氛围在欧洲驰名遐迩。

　　布鲁诺于1577年到达威尼斯，在这里他发表了他的第一本著作《论时间的象征》。可惜此书未能保存下来。据传记作家们推测，这本书第一次概述了布鲁诺的哲学观点和他的宇宙学说。

　　布鲁诺又离开威尼斯，去了帕多瓦。这里是意大利的自由教育发源地。听当时最著名哲学家贾科莫·莫巴芮拉（1533—1589）讲课。莫巴芮拉认为，自然支配着它固有的运动。物质是永恒的。天，或宇宙，也是物质的，并具有永恒运动的能力。"是永恒的"就意味着先于一切，因而也先于上帝，从这里得出：世界不是上帝创造的。布鲁诺接纳了这些观点，并把它作为他后来认识宇宙的唯物主义体系的基础。

　　在帕多瓦，布鲁诺还遇到了几位熟识的多米尼克派僧侣，他们劝他重新穿上僧侣服装。虽然布鲁诺不想重返僧团，但穿着僧侣服装旅行毕竟会好一点。因此他便去贝尔加莫定做了一身料子很好的白色衣服。他穿着这套衣服和从罗马出走后就一直保存在身边的那个斗篷，踏上了通往里昂的大道。

漫游的僧侣很多，修道院一般都会殷勤地接待他的，为他们提供吃、住和休息场所。布鲁诺抑制住对僧袍的极端厌恶，穿着僧服四处游历，还常常运用自己的医学知识为僧侣们看病。

米兰是布鲁诺流亡路上最后一座意大利城市，在这里他第一次听到英国青年菲利浦·锡德尼的名字，后来在伦敦又遇到了此人。布鲁诺想去法国定居，但由于当时法国政局复杂，未能成行。1572年发生天主教派对胡格诺派大屠杀事件（因发生在圣巴托缪节日（8月24日）前夜和凌晨之间，故称圣巴托罗缪三夜）后，内战再起。所以他决定沿着16世纪意大利宗教移民的老路，于1579年4日去瑞士的日内瓦。

当时的日内瓦，有新教的罗马之称，是加尔文教派统治的中心，对人们思想、言行禁锢得厉害，对外来人监视控制十分严密。布鲁诺希望在这里自由而安全地生活。因此，不准备接受城内的宗教仪式。身无分文的布鲁诺，在那不勒斯同乡的帮助下，得以糊口。特别是在德·维柯侯爵的关怀和帮助下，脱下了法衣，买了呢绒，定做了长袜和其他衣物，侯爵和其他同乡，赠给他佩剑、斗篷、帽子和各种生活必需品，还帮助他找了一个挣钱糊口的工作，在印刷所里作了两个半月的校对和清样工作。在此期间他经常去听意大利和法国人举办的布道会和讲座。认真阅读和研究加尔文宗的著作，考察其所作所为，结果使他大失所望，他发现日内瓦的新教同样谋私利，教会的许多说法也荒诞不经。他对加尔文宗的"预定论"（即认为世界的一切，上帝早已预定，谁被上帝选召，谁被弃绝，与本人行为无关）大不满意。同时他发现日内瓦几乎就是一座大修道院，教会势力很大，对加尔文宗的唯我独尊，不容任何异议，他反感已极。

从1979年5月20日起，布鲁诺离开了那个印刷所，到日内瓦大学供职。在这里，他不任必修课，只在一个学生小组里选修课程。该校充满了严格的宗教精神，教会精神支配着全校的教学活动，它培养出来的人是卡尔文教的传教士，政治活动家、"大臣"或牧师。因此它不像天主教的一般大学，而是培养卡尔文传教士的中心，教师的学生都必须申明忠于卡尔文信条。

日内瓦大学历史悠久，成立于1536年5月21日，第一任校长是卡尔文的老战友泰奥多·伯撒（1519—1605），卡尔文死后，他成了瑞士实际上的独裁者。他不容任何人的不同观点。大学的辩论守则规定，发言者"必须放弃谬说和危险议论，虔诚地按照宗教信仰讨论问题"，并且要在事前三天交发言提纲，接受审查。

在6月和7月份里，布鲁诺把他的大部分时间用来听卡尔文派神学家讲道，其次是参加辩论会。他带来的新鲜的哲学思想，立刻使神学派教授与他发生冲突。他在辩论会中，捍卫"人的哲学"和反对经院哲学的发言，已使人们怀疑他是异端分子了。

在日内瓦，布鲁诺做了一件极其有意义的事，就是在一家小印刷所，印出了他编写的一部专门揭露传教士安东·德·拉非错误的小册子。书中列出了德·拉非在讲课中出现的20多条谬误，并且一一加以批驳。德·拉非不是一般小人物，他是卡尔文教派领袖的密友，当时是哲学教授，"众人臣"中的一员，是日内瓦第二号人物。日内瓦市委会的暗探们就这本小册子的事向当局作了密报，布鲁诺因此被捕入狱。

日内瓦市委会决定：把小册子销毁，把布鲁诺交给教会法庭问罪，教会法庭于8月13日开庭起，在两个星期内给布鲁诺举行了多次有损尊严的侮辱性的仪式。如在做弥撒时，把布鲁诺带到教堂，让他只穿一件衬衣，脖子上戴铁项圈，用铁链牵着，人们让他站在教堂中间，向他宣读判决，允许教民们向他脸上吐唾沫和谩骂，有时罚他跪着，并允许殴打他。如果他在形式上不表示悔改的话，就要受到更严厉的惩罚，直到施以火刑，消灭肉体和灵魂。布鲁诺已意识到处境十分危险，不得已表示认罪，请求宽恕。宗教法庭才决定撤销开除布鲁诺教籍的处分，然后释放了他。

法国的编外教授

　　1579年8月27日，布鲁诺被释放出来。他一获释，便马上离开日内瓦逃往法国。他先到法国的里昂，在这里住了一个月，找不到工作，无法挣钱糊口，于是取道阿维尼翁前去图卢兹。图卢兹是法国的名城之一，有众多的高等学府，来自世界各地的学生达1万人之多。布鲁诺在这里首先是当家庭教师，讲授天文和哲学。

　　从这时起，布鲁诺开始研究天文，主攻目

标为新的宇宙学说。他组织的有关天体论的演讲，采用哥白尼日心地动学的观点，吸引了广大听众，反应十分强烈。此时正值图卢兹大学空缺一名编内的哲学教授，他通过竞争获胜，应聘执教，在这所大学里连续讲了两年课。

在这里布鲁诺亲笔写下了意大利文对话和哲学诗（其他的作品通常是由他口授，学生听写而成）。在教学中，他虽采用亚里士多德的《论灵魂》为教材，但他却不遗余力地反对亚里士多德的哲学体系和反对经院哲学，这又引起了同事的愤慨、学生们的抗议。在天主教的图卢兹，最初布鲁诺虽然是个编内教授，然而他却不履行任何教会仪式，实际上处于宗教之外，而成为自由自在的人。后来由于法国南部天主教派和胡格派的战事又起，加上图卢兹天主教反动势力的加强，布鲁诺感到难以在此存身，便于1581年夏末离开图卢兹到巴黎去了。

在巴黎，布鲁诺以图卢兹大学教授的头衔，

当上了古老学府索尔蓬纳大学（俗称巴黎大学）的教授，特别是在威尼斯驻法国宫廷大使乔万尼·莫罗的支持下，他诸事顺利。在巴黎大学，他开了哲学专题讲座，题目是《关于上帝的三十个属性》，共讲了三十次，讲演十分成功。在讲演过程中，由于布鲁诺新颖，一改过去那种一个模式的传统的枯燥无味的教学形式，无论讲什么，是讲深奥的哲学问题还是修辞手段，都是风趣机智，有才气，有激情，严格的证据和笑话交相迭替，一连串精彩的推论后面跟着诗，抽象的概念化变成活生生的形象，讲演起来生动有趣，口若悬河，受到学生们的普遍欢迎，讲课获得了极大的成功。为此校方想聘请他担任编内教授，但被他婉言谢绝了，因为编内教授伴随着一系列令他头痛的职责，其中有这样的规定：必须参加弥撒，履行宗教仪式。而布鲁诺宁肯潦倒落魄，也求保有相对的自由，无拘无束地生活。他更不愿去履行那些令人厌烦的宗教仪式。

布鲁诺还在这所大开设了记忆术课程。当时记忆术风靡一时，布鲁诺的记忆术讲座出乎意外地吸引了许多听众，教室内除了学生，教授们也常去听课，许多人是每讲必到。精彩的、令人惊服的讲演为布鲁诺赢得了更大的声誉，使这位新教授很快名扬全校，名扬全城，乃至传进法国宫廷。法国国王亨利三世下令召见他。布鲁诺奉召入宫，晋见国王。亨利三世热情地欢迎他，对他的记忆术表现出极大的兴趣，在国王面前布鲁诺出色地展示了他的本领，令国王叹服。布鲁诺还把记忆术的要点向国王作了讲解，并说明每个人都能具有极强的记忆力，只要采取正确的方法训练，持之以恒即可。国王急于一试，希望布鲁诺把奥妙都教给他，于是布鲁诺有时给国王上课，给他出习题，找有趣的例子，教他学习记忆术。此后布鲁诺出版了一本关于记忆的书，书名是《论理念的影子》。他把这本书献给国王陛下。因此国王亨利三世任命他为有固定薪俸的额外教授，并支持刊印他写作的书稿。关于布鲁诺惊人的记忆力，史书上曾有不少记载。有一次，当他会见教皇及其亲信时，他滚瓜烂熟地背诵了86首赞美长诗。皇亲贵戚们当场指定一段相当长的章节，他先通读一遍，马上就一字不差地复诵出来。当他听到讲演者的一大段发言之后，竟能立刻复述出来，而且一字一句都没有差错。不仅如此，在他著书立说时，旁征博引许多哲学家的原话时，一向靠记忆，从未找过参考书，而且从未发生过差错。

有人曾经提出疑问：为什么布鲁诺具有如此非凡的记忆力呢？答案是这样的：布鲁诺属于贫穷僧侣，没有靠山，没有别人援助，自己又没有钱，要弄到一本书籍是非常困难的。即使弄到了，又没有地方存放。因为修道院的僧侣住房经常被搜查，检查有没有禁书。因此，只好靠自己的记忆。一旦借到自己所需要的书籍，便努力背下来。

据史书记载，他用两种方法使自己的记忆力大大增强。一种方法是使用象征性图形，让思维按照一定序列跟这些图像结合起来。第二种方法是在《论理念的影子》和《喀耳刻之歌》两本书中制定的，这个方法同他的认识论有关系，如果思考的秩序也就是事物的秩序，如果人们的意识反映现实，那么思想的逻辑也就来自可以观察得到的事物在其发展中的组合。所以，来自现实世界的，由于相似和其他联合性特征而互相联系的事物，能够帮助在记忆中恢复事物的秩序。

　　为了增强记忆力，布鲁诺经常做一些练习，并且制定了一套增强记忆的方法和规则，从而巩固并增强了他天生的记忆力优势。

　　布鲁诺在讲课中，在辩论时，经常用一些代名词作比喻，来表达他的意思。例如，借助寓意、几何图形、神话中的名字、黄道十二宫来表达他跟教会和整个封建制度相敌对的思想。当他提到法拉利德的名字时，听众就明白他说的不是神话的残酷暴君，而是宗教裁判官。奥利安则指基督，菲尼士指皇帝等。当他说到415年在亚历山大对女数学家伊帕提亚进行百般折磨的宗教狂热分子时，同时也就揭露了宗教裁判官的罪行。古希腊罗马神话中的名字使人有可能把概念表达得更加神态活现。例如，阿波罗表示单子或统一，萨图思表示一切的开端，普罗米修斯表示作用用因，梯斯表示思维的主体，斯垂列茨表示终极因或目的等。

布鲁诺还利用讽刺、寓言的形式，用野兽的形象来描写人。例如，用狗的形象来描写多米尼克派僧侣，用猴子的形象描写所有的教士，用鹿的形象描写廷臣，用变画蜥蜴的形象描写那些时常改变自己信仰的阿谀奉承之徒。

在布鲁诺的《拉丁文著作集》里，把僧侣比作猴子，其中有美里达与喀耳刻的一段对话：

美里达：怎样识别这种猴子？

喀耳刻：他们对于正经事和费力的事是毫

无用处的。他们只能以谄媚、小丑行为和寄生生活讨豪绅巨富们的喜欢。由于他们不能像驴子那样驮运重荷，不能像马那样南征北战：不能像健牛那样耕田犁地，不能像猪那样用废料养肥。所以，他们唯一用处就是用做供人取笑的对象。

那伯雷是这样说的："猴子不像狗那样能看家；不像牛那样能拉犁；不像羊那样能提供羊毛和羊奶；不像马那样能驮运重荷。他的事情是到处拉屎和弄坏一切。因此，他从大家那里所得到的是嘲笑和敲打。他完全像僧侣，僧侣不像农民那样能劳动；不像战士那样能保卫国家；不像医生那样能医治病人……僧侣们所干的只是用他们叮叮的钟声，弄得邻居苦恼不堪。"

布鲁诺用这些形象的比喻来对他恨之入骨的僧侣们的人格和行为，是再恰当不过了。当时的法国，亨利三世同教会之间，即政府与僧侣界的关系极为紧张。罗马的教皇认为，亨利三世丝毫不比异端分子好一些，因而将他开除教籍。宗教宽容政策使亨利三世与法国天主教地区的关系恶化了，并因此引起了战争。这是布鲁诺在法国能够公开攻击教会的原因之一。

在国王亨利三世的庇护下，1581年底至1582年，布鲁诺出版了第一批著作《喀耳刻之歌》、《论理念的影子》、《记忆的艺术》和喜剧《烛台》。在《论理念的影子》一书中，第一次阐述了他的哲学基本观点。

1583年，由于巴黎和宫廷中天主教反动势力的增强，布鲁诺待不下去了，决定离开巴黎去英国。行前国王亨利三世给布鲁诺写一封介绍信，让法国驻伦敦大使对他予以关照。然而与此同时，英国驻巴黎大使却于1583年3月28日，写给英国女王伊丽莎白的秘书和大臣沃尔兴一封用意相反的信，信中道："诺拉人哲学教授、博士乔尔丹诺·布鲁诺先生打算去英国，此人的宗教观点，我不能给予好评"。

在伦敦的日子里

  1583年春天，布鲁诺带着亨利三世国王给法国驻英国大使米舍尔·德·卡斯台尔诺的介绍信，离开了巴黎，来到英国首府伦敦。法国大使把布鲁诺接到家中住下之后，又在大使馆给他挂了一个秘书的空头职衔。

  法国驻英国大使米舍尔·德·卡斯台尔诺是一位年逾花甲的老外交家。他在英国任大使已有8年之久，对英国的情况十分熟悉，他既是一位政治活动家，又是一位学问家。他反对宗教狂热，维护宗教宽容政策。他对布鲁诺的热情接待，无私的帮助，使布鲁诺在英国逗留两年半（从1583年春—1585年10月）期间，著述最丰富，出版专著最多，而且是他一生中最幸福的时期。

布鲁诺在英国居住两年多时间里，没有去做过弥撒，甚至礼拜仪式就在家中举行的时候，他也不参加。

在伦敦期间，布鲁诺与外界的交往很广泛。他的朋友多是知名学者和部分当权的人。其中有伊丽莎白女王的宠臣、牛津大学校长罗伯特·台德里，正是他帮助布鲁诺步入牛津大学讲学的。

布鲁诺在牛津大学讲授哲学期间，开头不为人们所重视，反应冷淡。但是后来由于他用了很大精力介绍、讲述哥白尼的太阳中心论和地球旋转学说，因而遭到教师和学校当局的公开反对。因为牛津大学是一所著名的神学堡垒，神学只拥护托勒密的地心说，而强烈反对哥白尼的日心地动说，所以布鲁诺必然遭到攻击。

1583年6月，牛津大学为迎接波兰伯爵拉斯基的来访，举办了一次辩论会。会上布鲁诺坚决捍卫哥白尼的日心说，并陈述了他本人的宇宙无限的观点。他慷慨陈词道："我们的世界只是宇宙不大的一部分；宇宙中有无数个可居住的世界，恒星乃是距离我们遥远的太阳。这些太阳各有自己的行星，其他'地球'在围绕着自己运动"。布鲁诺针对经院学派的一些观点，如"地球若旋转，空中的云彩应向相反的方向运动""地球若运动，则抛上的石头不会垂直落回原处"等观点进行了批驳。

布鲁诺对哥白尼学说的认识，曾有一个过程。他回忆道："当自己还是小孩时，曾认为哥白尼是发疯了。只是在修道院生活的最后几年（当时他约20岁），才感到此说'近于正确'，继而又认为此说'确实正确'，最后才认定此说'最为正确'"。

布鲁诺是哥白尼学说的捍卫者，他把他的诗篇《论不可度量者与不可数者》中的一章，命名为"尼古拉·哥白尼的光辉"。诗文中赞道：

"啊光明正大的哥白尼/现在我向你倾诉衷曲/你智慧卓越，才华横溢/你备受尊敬，堪当赞誉/时代昏黑，世道混浊/丝毫无损于你的才艺/乌鸦喧嚣，鸱啼泣/岂能淹没你的豪言壮语。"

他公开宣扬哥白尼的日心地动说，公开批判托勒密的地心说。他曾多次参加辩论大会，同当时的神学权威和经院哲学大师们进行面对面的斗争。

布鲁诺还发展了哥白尼的日心地动说。由于历史条件的限制，哥白尼的日心体系还存在不少缺陷。其中一个重要缺陷是它保留了托勒密的地心体系中的"恒星天"概念，认为恒星都位于这层"恒星天"之上。这一"恒星天"局限了宇宙的尺度，并使太阳成为宇宙的中心。布鲁诺克服了这一缺陷。

说来也巧，布鲁诺在英国期间，看到1576年英国学者迪格斯出版的《天体轨道的完美描述》一书，其中所绘的哥白尼日心体系图虽然依然把太阳放在宇宙中央，但却取消了哥白尼学说中的恒星天层，而把恒星画成是向四面八方无限延伸的。这一见解使布鲁诺深受启发。他在此基础上进一步发展了宇宙无限的思想。1584年，他出版了《论无限·宇宙和众世界》一书，书中明确提出：宇宙是无限的，其中拥有无数个世界。恒星都是遥远的太阳。太阳只是千千万万颗恒星中的普通的一员。太阳不是宇宙的中心，无限的宇宙根本不存在中心……这些天才的见解远远超越了时代，直到三个世纪后，才逐渐为科学所证实。这些见解是对哥白尼学说的一个重要发展。在他的宇宙图像中，没有给上帝留下任何地盘，因而教会把他视为最凶恶的敌人。

　　后人曾经评说，哥白尼把地球逐出宇宙中心，代之以太阳。现在布鲁诺又将太阳逐出宇宙中心，而且从根本上取消了宇宙中心。哥白尼的宇宙是有限的，而布鲁诺的宇宙则是无限的。这种评论是非常正确的。

宇宙是无限的观点令他同代人感到惊慌失措。许多人认为他大胆到了"骇人听闻"的地步，简直近乎狂想。在天主教看来，再也没有比布鲁诺更有害的"异端"和更可恶的敌人了。

辩论会之后不久，牛津大学当局眼看公开辩论不能制服布鲁诺，便停止他讲授哲学和天文课，令他迅速离开牛津大学。于是，布鲁诺被迫回到伦敦，开始潜心写作，著书立说。在法国驻英国大使的帮助下，布鲁诺先后出版了6部用意大利文写成的对话体著作，第一次全面论述了他的哲学观点，受到了学术界的重视。

在第一部对话《圣灰星期三的晚餐》（1584）中阐述了他的宇宙观。这部对话的问世，引起了比牛津大学还要大的风波，致使布鲁诺不得不"闭户独居"，否则将受到防不胜防的袭击，也使一些贵族朋友们与他也断绝了往来。

第二部对话《论原因、本原与太一》（1584），是布鲁诺的主要哲学著作。文中系统地叙述了诺拉哲学，有力地批判了被经院哲学奉为天经地义的亚里士多德主义。

第三部对话《论无限·宇宙与诸世界》（1584），论证了关于宇宙的学说，进一步发展了他的天文学观点。第四部对话《驱逐趾高气扬的野兽》（1584），论证了新的道德体系，表白了他对教会、宗教和社会关系的看法，宣扬了他的社会政治理想。

第五部对话《飞马的秘密·附齐林尼克的驴子》（1585），是一部反宗教的作品。清算了神学家的"神圣驴性"，直言不讳地揭露了基督教世界观。该书是16世纪最鲜明、最辛辣的无神论著作之一，在反对教会精神独裁的斗争中起到了重要作用。

最后一部对话《论英雄的热情》（1585），

反驳教会的责难，歌颂了人类认识的无限性。文中指出，思想家的最高品德是为追求真理而把个人生死安危置之度外。

布鲁诺在伦敦出版的著作，写得最清楚，最简明，最易懂。书中表达的哲学思想，使这些对话在历代哲学文献当中占有显著的地位，给后人留下了宝贵的精神财富。

在伦敦期间，布鲁诺仔细整理、总结了他的认识论的主要论点，他承认在人的头脑中没有任何东西不是感觉中早就有过的东西。这样，他就宣布了唯物主义认识论的基本原则。布鲁诺的辩证的基本原理也是在伦敦时期形成的。

1584年，布鲁诺的好友和保护人卡斯台尔诺大使，卷进了西班牙策划的阴谋之中。他尽其所能，拿出全部财物挽救玛利·斯图亚特，结果失败，导致他与英国宫廷发生冲突，为此，这年年底，卡斯台尔诺被停职，奉召回国。布鲁诺决定跟他一起回巴黎。

重返巴黎

　　1585年秋，布鲁诺随同奉调回国的卡斯台尔诺离英返法。此前卡斯台尔诺的管家已带着一名助手把行李全部装上船，先期乘船出发。此时英国正处在激烈的战争时期，因而，这次旅行也充满了艰难险阻。更为不幸的是他们刚在加来上岸，便听到不幸的消息，装载他们财物的那艘船被海盗劫获。卡斯台尔诺损失了价值两万余艾居（法国古银币）的财物及大量贵重礼品。其中包括伊丽莎白女王馈赠的许多珍贵礼品。如今卡斯台尔诺已彻底破产，竟落到连养家糊口也很困难的境地。

回到巴黎后不久，新的不幸又降临在布鲁诺头上。他过去的仆人盗窃了他的一切物品，包括他打算出版的两本书稿，布鲁诺痛惜不已。

这时，巴黎的政治形势已变，对异教的宽容政策被取消，卡斯台尔诺也失宠了。布鲁诺再也无法指望得到卡斯台尔诺的援助了。他与一些有爵位的贵族朋友的联系，也没有起到帮助作用。还有些贵族朋友对他是敬而远之，十分冷淡。他没有可靠的庇护人，不可能到大学当教授。不得已布鲁诺只好在康布雷学院附近找一处简陋的小房子苦度时日。没有必要的家具什物，特别是没有书籍，布鲁诺只得去郊外圣维克托修道院图书馆去看书。这座图书馆历史悠久，馆内藏书很多，拥有数百部珍本书和极其珍贵的手稿。在那里，布鲁诺结识了图书管理员柯唐。他们两人经常在一起交谈，结下了很深的友谊。后来，柯唐保存了他们之间多次的谈话记录，即柯唐日记，成为后人了解布鲁诺第二次在巴黎活动情况的珍贵资料。

一连串的不幸遭遇，使回到巴黎的布鲁诺处于重重困难的包围之中。政治形势的巨变，旧时朋友的冷淡，仆人的背叛，生活上的贫困，是他回巴黎之前所始料不及的，他陷于极度的苦恼和迷惘之中，在精神上也受到了极大的打击。悲观失望之余，又添上思亲念故的苦楚。布鲁诺曾一度幻想能够得到允许返回家园。他只希望安心工作，平静生活，同意作形式上的忏悔，即不涉及他的观点，只忏悔从修道院逃跑。他提出的唯一条件是不让他再回到僧团去。为此，他曾去找红衣主教门多萨，求他帮助，希望罗马能"宽恕罪过"允许他返回意大利。

门多萨是卡斯台尔诺的朋友，并且常到他家做客，听说过布鲁诺是《驱逐趾高气扬的野兽》

和一系列其他著作的作者。这些书都是反对教会人士和经院学者的。但尽管如此，他还是介绍布鲁诺认识了罗马教皇使节。教皇使节知道当时的新教皇西克斯特五世是一位非常残暴、独断专行、不容异见的人，布鲁诺的请求是不可能得到满足的，因而拒绝为他说情。不过后来布鲁诺在向威尼斯宗教裁判官作供词中，出于策略上的原因曾两次列举了这件事实，以证明他似乎于早就有意重返天主教会的想法。来迷惑宗教法庭。

第二次逗留巴黎期间，尽管布鲁诺的处境出乎意料的险恶，一度使布鲁诺丧失信心，甚至产生屈服宗教的想法，可是不久他也从迷惘中重新振作起来，埋头工作之中。1586年春，他针对亚里士多德《物理学》和《天空论》中的错误观点，写出《关于自然及宇宙批驳逍遥学派一百二十题》一文。这是他反对经院哲学的一篇最重要、最出色的论文。文中布鲁诺详细阐明了他关于自然及宇宙方面的观点。这些观点在他过去出版的著作中几乎都提出过，现在他为了同巴黎的逍遥学派（这里指坚持亚里士多德错误哲学观点的经院哲学派）论战，他把这些论题汇集起来。书稿完成后，为了使自己的观点广泛传播，为人们所接受，布鲁诺决意在康布雷学院就文中论题举行一次辩论大会。于是布鲁诺把《关于自然及宇宙批驳逍遥学派一百二十题》送往康布雷大学，并附去一封致校长的信，请求就文中一系列论题展开辩论。

几经周折，布鲁诺的请求终获批准。

按照当时通行的惯例，必须有人为提出的论题答辩。但此人不得是论文的作者，而应是他的支持者。作者本人虽也可与会，但只能在他所选定的答辩者无法驳倒对方论据时参加辩论。布鲁诺的一名学生，法国贵族青年让·埃纳肯自告奋勇在会上为布鲁诺的观点进行辩护。布鲁诺帮助埃纳肯认真准备了材料，帮助他起草了开场白。

1586年5月28日，辩论大会如期在布雷学院举行。许多人参加了辩论会，其中有大学生、教授、神学家及达官显宦等，人数之多在康布雷大学是空前的。首先由布鲁诺的辩护人发言。埃纳肯在发言中，慷慨激昂地论述了布鲁诺的观点，有理有据，措辞巧妙，讲得相当出色。最后埃纳肯呼吁人们抛弃偏见，以理智的眼睛去看待世界，看问题要客观，要用有分量的论据证明本人的见解正确，或者把对方的意见驳倒。埃纳肯的发言结束后，先是一片沉默，接着一位名叫劳尔·卡立叶的年轻人，站出来为亚里士多德辩护，他的讲演一开始便很放肆，在发言中对布鲁诺进行侮辱性的攻击、谩骂，把布鲁诺说成是沽名钓誉的牛皮客，说布鲁诺蓄意诬蔑亚里士多德。对于论文中的实质问题却很少提及。在他的长篇大论中，没什么有分量的论据，粗鲁无礼的言词却层出不穷。埃纳肯不费多大的劲儿便驳倒了对方的论据。卡立叶恼羞成怒，他自知理亏但仍强词夺理，无端的指责伴随着疯狂的叫嚣。尽管如此，他的发言还是得到会场上那些亚里士多德的忠实信徒们的赞许和欢呼。而那些布鲁诺观点的拥护者则是敢怒而不敢言。辩论会的气氛有些不对头，会场秩序也越来越乱。辩论声、辱骂声、欢呼声响成一片。在激烈的争辩中第一天的辩论宣告结束。辩论会在第二天继续进行。

这次盛况空前的辩论会，在康布雷大学，在巴黎引起了巨大轰动。通过这次辩论使布鲁诺的观点得到了广泛的传播，其影响是极为深远的。

布鲁诺出乎人们意料地没有出席第二天的辩论会，而悄悄地离开了巴黎。其实关于出走之事，是布鲁诺早在辩论会之前就已准备好了的。他预感到他的所作所为早已使他的敌人对他怕得要死、恨得要命，必欲置之死地而后快。预感到在巴黎再也待不下去了。因此他精心策划了这场辩论。在第一天的辩论会上他已洞察到他的敌人在伺机加害于他。为了免遭毒手，脱离险境，他断然逃离巴黎，前往德国谋生。

著书立说在德国

1586年至1592年，布鲁诺旅居在德国。对他来说这是一个比较自由的新环境。因为在图卢兹大学、牛津大学、巴黎大学，都是天主教的神学堡垒，而没有其他世界观和科学的自由。然而在德国的一些大学则不然。这里可以容纳不同观点、不同学派的人，在大学院墙之内互相争论、互相发展。

初到德国时，在寻找工作中处处碰壁。在美因茨和威斯巴登，他都找不到工作。因为"坏名声"跑到了他的前头，使他难以立足。后来他又去了马格德堡，稍作停留之后，辗转去了维滕贝格。

在维滕贝格他的运气不错，遇到了他在英国时交谊颇深的老朋友、法学教授阿尔贝里格博士。阿尔贝里格原负有外交使命来谒见萨克森选侯，完成后便留在这里任教授。在他的帮助下，布鲁诺得以在维滕贝格安下身来，并于1586年8月20日被大学录用为哲学教授，讲授亚里士多德《工具篇》及其他哲学课程。

布鲁诺被维滕贝格大学录用以后，在这里他担任了两年的哲学教授。他利用教学中的相对自由，阐述了在牛津和巴黎辩论会中所宣布的思想，批评了逍遥派反对宇宙无限的观点，宣读哥白尼的日心地动说体系。在教学中他花了很多工夫准备，所以他的讲课受到学生的欢迎，课堂里始终座无虚席。许多学生心悦诚服地接受了他的思想。相比之下，神学课情况则不佳，反应冷淡，听课的学生寥寥无几。

在维滕贝格，派别斗争很激烈。一派是卡

尔文派哲学家，另一派是路德派神学家。布鲁诺的朋友阿尔贝里格属于路德派。后来，由于老公爵（路德派神学家）去世，老公爵的儿子（卡尔文派）继位，他开始庇护卡尔文派，而敌视布鲁诺所在的路德派，从而迫使布鲁诺不得不离开维滕贝格。1588年3月8日，布鲁诺在维滕贝格大学发表了《告别演说》，颂扬了德国教育的成就，也重申了自己的新的哲学信念。这可以引用《告别演说》中一段话来说明布鲁诺在德国的心情和状况。他说"……你们厚待我，并高度赏识我一直到今天，尽管我在你们这里没有声望、荣誉或影响，尽管我是被骚乱从法国驱逐出来的，尽管我没有任何国君的介绍信，尽管我没有任何挂在外面的勋章作装饰，尽管我没有受你的宗教教义检验过，对我的宗教情况甚至问也不问，而只要求我能表现出一种非敌对的、心情宁静的、倾向于博爱的精神，并能提交一张从事过哲学工作的证明。所以要求我这样做，只是希望我能成为新宫殿的柱石。对于你们来说，有了这一点，就把我作为一个值得尊敬的人，作为一个你们给予殷勤款待的人，载入大学名册，使他被视为最高尚、最有学问的学者之一，准许他不仅去教私立学校，不仅去教独特的不大的小组，而且还可以去教整个大学。对此应该再补充一点：当我过分酷爱自己的见解，并在公开讲授中阐述这样的观点——它们不仅在你们这里未获赞同，而且就是在许多世纪的时间里它们也仿佛是严厉地抽打和驳斥了在所有国家、所有地方都成了惯例的那种哲学——的时候，你没有给哲学设置任何框框，而且你们对这类学说宁取一种合理的温和态度，……这种东西在图卢兹、巴黎和牛津的大学里却引起可怕的喧嚣……"

《告别演说》发表之后不久，布鲁诺从维滕贝格迁移到布拉格，在那里住了6个月。这年秋天，他出版了《论种的研究与赖蒙德·卢里的组合灯》和《反对当代数学家和哲学家的一百六十条论纲》。后一部书是献给鲁道夫二世皇帝的。
他在这部书的前言里宣布：宗教是仇恨人类的工
具，人间愤恨是教会人士在无知的群众当中点燃
的，教会人士窒杀科学知识的并迫害为自由而斗
争的思想家们。由于向皇帝献书，布鲁诺得到皇
帝的奖赏，赐给他300塔勒（德国旧时银币，1塔
勒值3马克）作为离开布拉格的路费。

1589年1月13日他来到赫尔姆斯泰特（不伦
瑞克公国）。在赫尔姆斯泰特大学执教一年。在
此期间，不伦瑞克老公爵对布鲁诺很友好，给予
很多赞助，并予以庇护，使他免遭教会人士的迫
害。布鲁诺在教学之余，创作了拉丁文长诗，还
研究、发展了宇宙构造的理论。1589年5月3日老
尤里公爵去世，在全区哀悼会上，布鲁诺宣读了
《悼词》。尽管重视知识的年轻的亨利希·代里公
爵仍然很赏识布鲁诺，但由于布鲁诺坚持无神论
观点和他对哥白尼学说的维护态度，还是在1589
年秋天被当地路德教教派革出了教门。布鲁诺又

一次陷入困境。

在赫尔姆施泰特大学，有许多学生是布鲁诺的追随者。其中一位来自纽伦堡的学生名叫耶朗尼姆·白斯勒，是他的得意弟子，后来成为他的亲密助手。白斯勒或是记录布鲁诺授的文章，或是整理记录文稿，辛勤地抄写大量笔札，其中有的是布鲁诺进一步研究时需要的资料，也有布鲁诺过去感兴趣的摘记。他的工作对于布鲁诺完成论著有很大帮助。

1590年上半年，布鲁诺完成了他的诺拉哲学三部曲，即《论单子·数和形状》、《论不可量度者与不可数者》和《论三种最小和限度》，进一步阐述了他的唯物主义观点。

1590年6月，布鲁诺决定离开赫尔姆施泰特前往法兰克福。他已积存了许多文稿，需要到那里去出版。另外，赫尔姆施泰特的政治气氛也很不利，他的敌人不能容忍他的无神论。反对他的阴谋在秘密进行着，再待下去处境危险。

不辞而别

　　1590年6月，布鲁诺离开赫尔姆斯泰特，与他的学生白斯勒一起，来到法兰克福，准备在这里找出版商出版他的几部书稿。

　　莱茵河畔的法兰克福，是一个美丽、繁华的大都市。这里一年两度（春季和秋季）的商品交易会更是热闹非凡，几乎全欧洲的商人都云集此地。琳琅满目的集市上，来自各地的各式各样的商品，令人眼花瞭乱。有意大利的丝绸，法国的服装和化妆品，纽伦堡的五金制品和工具，荷兰的食糖和香料……然而更为引人注目的还是这里的图书博览会，堪称法兰克福的荣耀。博览会期间，各国的出版商和书商蜂拥而至，来自各国的、各式各样的图书令人目不暇接。布鲁诺同出版商约翰·维黑尔商谈了出书事宜。维黑尔对他很友好，并乐意为他出书提供方便。他们签订了出版合同，出版他著的《论三种最小和限度》、《论单子·数和形状》、《论不可度量者与不可数者》三本书。出书期间，由维黑尔的印书馆为布鲁诺提供伙食和住宿。当时出书，作者没有稿酬，也没有版权，而是把自己的书献给谁，就向谁领取报酬。

在出书期间，布鲁诺要在印书馆里做校对工作，还要做制版师，亲自制作图像的铜板。为了工作上的方便他很想住在维黑尔的印刷所里。但必须经市政府批准才行。为此，布鲁诺向市政府申请。但他的请求遭到断然拒绝。因此，维黑尔才不得不把布鲁诺安置在距他的印刷所很远的卡里尔美特修道院住下。就这样，布鲁诺在出书期间，每天往返于印书馆和卡尔美里特修道院之间，要走很远的路，还要仔细地看校样，制版，从早忙到晚。布鲁诺为了宣传自己的观点，出版自己的著作克服了常人难以想象的困难。

布鲁诺在法兰克福住了大约6个月，出书工作已接近尾声。《论三种最小和限度》一书已经排版付印。然而就在这个时候，人们发现布鲁诺突然不辞而别，离开了法兰克福。据1824年萨尔兹巴赫版《十六世纪末至十七世纪初著名物理学家的生平与学说》记载："出书时他不仅亲手制作插图，而且亲自校对他的著作的校样。最后当只剩下一点扫尾工作的时候，他，不知道由于什么原因，未及完成这部著作以及其他的著作，便不辞而去，离开我们不管了。由于这种缘故，他在信中要求我：如果命运不许他（亲临此地），请即以他的名义处理一切未竟事项"。人们分析，可能是禁止他在该城居留的市议会要他马上离开法兰克福，布鲁诺迫不得已，只好撂下未完成的工作离去。

年底，布鲁诺到了苏黎世，找他的学生海因采尔。海因采尔的父亲是奥格斯堡七人委员会的成员之一，他家在苏黎世有一大片土地和一座堡寨，名叫爱尔戈。布鲁诺在这里住了几个月，生活在海因采尔串联起来的一群学者中间，并在这里给一些年轻人讲课。

布鲁诺在法兰克福出版的书得到广泛的流传。他以前的书，特别是在英国出版的书印数很少，保存下来的就更少了。而这次在法兰克福出的书不仅印数多，并且由于法兰克福兴旺发达的图书交易，使布鲁诺的书很快传播到欧洲各地。从这时起，布鲁诺名声大震。

魂牵故土

在法兰克福秋季图书交易会期间，布鲁诺结识了一位名叫詹巴蒂斯塔·乔托的威尼斯书商，二人无话不谈，成为好友。

一天，书商乔托转寄给布鲁诺一封信，是一个叫乔万尼·莫钦尼柯的人写来的。这个人是威尼斯最显贵的世家子弟。莫钦尼柯在信中不惜笔墨，表示他十分倾慕布鲁诺的学识，诚恳地邀请布鲁诺去任教，他希望有幸成为布鲁诺的学生。

不久，莫钦尼柯又给布鲁诺写了第二封信，进一步表达了他甘拜布鲁诺为师的迫切心情，并表示他会给老师的生活和学术研究创造一切条件，还信誓旦旦地保证他会做一个忠实恭顺的学生。这时出书之事已料理完毕，对莫钦尼柯的邀请他做了认真考虑。

此时，欧洲的政治形势发生了明显的变化，1590年教皇西克斯特五世被他的敌人毒死了。据说教皇驾崩时，教皇宫殿的上空狂风暴雨，猖狂肆虐。民间传说这是魔鬼出来追赶教皇的灵魂的。令人痛恨的教皇一死，接着就发生了农民起义。人们砸毁了西克斯特五世的雕像，扔进了台伯河中，撕下他的徽号销毁了，而且捣毁了他的近臣的官邸。法国胡格诺战争进入最后阶段，亨利四世胜利在望，在欧洲主张信教自由，停止宗教战争的反天主教势力的集团，也加强了自己的地位。当时的威尼斯共和国政治开明，经济繁荣，实行宽容的宗教政策，在宗教事务上也不是事事听命于罗马教皇，国际局势看来有利于布鲁诺返回意大利。布鲁诺相信回国会有安全保证。这是导致布鲁诺回国的重要原因。

布鲁诺阔别祖国已有15年了。十几年来，他长期漂泊异国他乡，先后到过瑞士、法国、英国、德国、捷克、匈牙利等许多国家，历经千辛万苦，饱尝了无数的苦难和辛酸。但他一刻也没有停止过战斗，没有忘记宣传真理。他经常出席各地的辩论会，到处写文章、做报告、讲学，用他的笔和舌，热情颂扬真理，无情地抨击宗教神学。无论他走到哪里，哪里就响起真理的呼声。他的足迹几乎遍布整个欧洲，真理的声音也伴随着他的脚步响彻欧洲大地。在长期辗转各地的流亡生活中，布鲁诺一刻也没有忘记他的祖国，心里始终思念着那不勒斯的天空，更怀念他那美丽而可爱的故乡——诺拉。他是多么希望有朝一日回到祖国的怀抱，吻一吻故乡的土地啊！

思乡忧国之情，对当时威尼斯政治形势过于

乐观的估计，再加上莫钦尼柯的再三邀请，最终促使布鲁诺做出返回意大利的决定。

此外，促使布鲁诺回国还有一个不可忽视的因素，那就是布鲁诺很想谋取意大利威尼斯地区帕多瓦大学的教授职务。著名的帕多瓦大学以学术自由而闻名欧洲。在帕多瓦大学执教的有许多当代的进步学者，被人称为"学者的天堂"。布鲁诺早已闻之帕多瓦大学的数学教授的职位已空缺几年了，这个职位对当时的布鲁诺具有相当的吸引力。

做出回国决定后，布鲁诺利用带有走私货物的书商的帮助，沿着山间小路，历经千辛万苦，于1591年深秋季节，回到了他阔别已久、日思夜想的祖国意大利。他首先抵达帕多瓦，在那里，他在一个德国学生小组里教了一段时间的课，主要讲的是数学哲学课程。可是他谋取帕多瓦大学数学教授的打算未能实现。于是他又从帕多瓦来到威尼斯。

布鲁诺的许多朋友，对布鲁诺此次返回意

大利很不理解，并对他回国后的安全表示担忧。
因为布鲁诺是从意大利逃出去的，现在回去等于
自投罗网，十分危险。他们认为布鲁诺做出回国
的决定是不明智的，简直是在拿自己的生命和自
由开玩笑。其实布鲁诺此举决非草率，做出这一
重大决定之前，他是经过了深思熟虑的。他没有
忽视返回意大利的危险性，对威尼斯的政治局势
也进行了详尽的了解和分析，认为欧洲政治形势
发生了巨大变化，尤其是当时威尼斯政府的统治
者十分开明，他们奉行一种独立于罗马教廷的对
内、对外政策，在宗教事务上也保持独立。从整
个形势上来看，他在那里有可能到得威尼斯政府
的庇护，而不受罗马宗教裁判所的陷害。当然他
也意识到危险的一面，意大利毕竟是宗教裁判所
十分猖狂的地区，他这个出了名的背教分子在那
里的安全是没有保障的，处境也一定有危险。应
该说布鲁诺做出回国决定是冒了很大的危险的，
这充分表现出他的惊人的勇气和大无畏的精神。

落入魔掌

在威尼斯，起初布鲁诺住在旅馆，莫钦尼柯几次劝他搬到府邸去住，都被他婉言谢绝了。在此期间，他曾数次去帕多区，给德国学生上课，在那里度过了秋天和初冬之后，于1592年初，才正式在威尼斯定居下来。后来，在莫钦尼柯的再三劝说下，他住进了他的府邸，当了莫钦尼柯的家庭教师。

这段时间，布鲁诺不显山，不露水地专做学

问，写书，准备出版著作，常去逛书店，到图书馆看书、查资料，埋头于家庭教学。他每天唯一的学生就是莫钦尼柯。此人出身于威尼斯的显贵望族世家。在这个家族中出现过共和国的首领、军事统帅和外交家。他的父亲、叔叔、哥哥们都担任过国家和教会的要职，然而莫钦尼柯本人则是个庸碌无能得出奇的笨货。他对功名利禄贪得无厌，他凶狠、多疑、嫉妒心很强，妄想靠魔法获得权力、荣誉和财富。但他头脑笨拙，对学术一窍不通，更不愿动脑进行一些抽象思维，比如什么宇宙的有限或无限，什么天文、地理、数学、哲学等，他一概没有兴趣，而且一无所知。他最强烈的愿望是驾驭超自然的法术，然后靠魔术青云直上，靠魔术发财致富，因此，他怀疑布鲁诺向他隐瞒了最主要的"秘密"知识。

34岁的莫钦尼柯，竟然听不懂布鲁诺讲的哲学、哥白尼的日心论等自然科学，也看不懂布鲁诺的著作，甚至对于文学中的小说、诗歌也不感兴趣，而布鲁诺执教又很严格，因而引起了莫钦尼柯对布鲁诺的不满，以致达到对立的程度。

布鲁诺是个心直口快、从不隐瞒自己观点的人。他在给莫钦尼柯讲课时或同其他人交谈中，都坦率地讲解自己的观点。他强调宇宙无限大，支持哥白尼的日心地动学说，并把上帝驱除出宇宙，否定世界是上帝创造的。在布鲁诺的眼中，根本不存在教义和《圣经》。他仍然像15年来生活在异国他乡那样，从不去教堂做弥撒，甚至不断用讽刺的语言，采用他著作中的形象比喻，丑化教会形象，例如猪教皇、猴子修士等，甚至还说基督是魔法师，是骗子。

莫钦尼柯对布鲁诺早已怀恨在心，布鲁诺的一举一动，一言一行，他都处处加以监视。布鲁诺的言论，渎神的话，都被他详详细细的记到小本子上。

布鲁诺为了摆脱莫钦尼柯无聊的纠缠，结束他寄人篱下的生活，为了付印他撰写的书稿，为了得到休息，常去找有学问的人交谈，有时候在书铺里或图书馆里看书，有时候去广场散步，有时候又在莫洛兹尼学园。这样可以避免暗探的监视。

在莫洛兹尼学园这个学者小组里，他结识了一位进步人士，这就是哲学家弗兰契斯柯·帕特里齐。他是位新柏拉图主义者，确信哥白尼的学说。他被新教皇邀请到罗马去的消息，极大的鼓舞着布鲁诺。好像亨利四世的胜利甚至连意大利的局势都改变了似的。这时布鲁诺正在撰写他的大部头著作《七种自由艺术》。

心怀敌意的莫钦尼柯，接二连三地向布鲁诺提一个又一个要求，使布鲁诺不得安宁，心烦意乱。再加上看到威尼斯城圣多米尼克修道会在1592年的"三一节"时，号召人们用"刀和火"惩治异端分子，从内心发出的反感情绪，促使他打算离开威尼斯，于是他提出要去法兰克福付印新书。

也是这个时候，莫钦尼柯在神父的怂恿下，合谋出卖了布鲁诺。1592年5月22日深夜，莫钦尼柯和6名身材魁梧的船夫，以及莫钦尼柯家的仆人，把已经打好行李、准备翌日动身去法兰克福的布鲁诺扣押起来。

　　5月24日凌晨2时，莫钦尼柯把布鲁诺移送宗教裁判所。

　　1592年5月23日，25日，29日，莫钦尼柯先后三次给宗教裁判所写秘密报告，把布鲁诺著作中值得怀疑的章节，平时给他讲课和无意中的谈话内容，甚至开玩笑的话，都进行了揭发，目的是欲置布鲁诺于死地。然而，从中我们也可看到布鲁诺思想的光辉。现摘录如下：

　　"我，最明智的马尔科·安托尼奥的儿子，乔万尼·莫钦尼柯，出于良心的指使，并根据接受忏悔的神甫的指示，谨告密如下：在我家中，当我跟诺拉人乔尔丹诺·布鲁诺谈话时，我曾多次听他说，天主教徒讲面包似乎能转化为肉体，这是莫大的荒谬；他是弥撒的反对者，他不喜欢任何宗教，他还说基督是个骗子，为把人民引上歧途，而进行欺骗，所以可以很容易地预见到他会绞死；他不认为上帝有面貌上的差异，而这意味着上帝不是完美的；世界是永恒的，存在着无限多的世界；……基督做的是假奇迹，他跟使徒们一样，是个魔术师，并且他自己就有劲头做出使徒们所做的一切，甚至大大地超过他们……

　　"他多次谈到，他希望成为下新教派的创立者，这个教派的名字就叫做'新哲学'。他说，童贞女不可能生孩子，我们的天主教信仰充满了对上帝威严的亵渎；应制止神学上的争吵，并剥夺僧侣的收入，因为他们在使世界蒙受耻辱，所有这些人都是驴子，我们所有的见解都是驴子之见……""由于大人阁下吩咐我仔细思索和回忆从我们天主教的反对者乔尔丹诺·布鲁诺那里所听到的一切，于是，除了我已向大人阁下做了书面汇报的东西以外，我又想起曾听他说过这样的话：现在教会的行为方式已完全不同于使徒们惯常的行为方式。因为，他们当初是用讲道和善良生活的榜样使人民信服，而现在则是对那些不愿意做天主教徒的人进行拷打，处以极刑。因而现在是以暴力行事，而不是以爱行事的时候了。这样的世道不能再继续下去了。因为，无知成风，愚昧盛行，也就不可能有一个好的宗教。他喜欢天主教甚于其他宗教，但就是天主教也需要加以大大的改造。这种状况要想长期继续下去是不可能的，很快世界就会看到一场普遍的改造。因为要想让这种腐败状态长久存在下去是完全不可能的。他期待着纳瓦尔国王的伟大行动，因而想促使他早日向世界显示出他的谋划。"

"他还说，他不知道有哪个时代世上的愚昧无知会比今天更严重，更盛行……例如，上帝是唯一的，同时又是三位一体的，而这种说法乃是荒谬、无知是对我主威严的最大亵渎。"

"还有一次，他说，他不明白：为什么他认

为最明智的这个共和国竟允许僧侣拥有这么多的财富，应该像法国那样。在那里，寺院收入归贵族所有，而僧侣只以一点点稀粥为生，这很好。因为今天那些充当僧侣的人全都是驴子。允许他们享有这么多财富是最大的罪。"

"……再送上一本乔尔丹诺·布鲁诺的著作，其中有一个有罪的地方我勾了出来，您命人研究这个地方以及其他类似的地方后，将会对这点确信无疑。"

莫钦尼柯的密告信在布鲁诺的命运中，起了置人死地的作用。虽然夸大事实地说布鲁诺提出了一个完整的战斗无神论的纲领，但从别一个方面我们也可以看出，这充分显示布鲁诺想推翻、改造当时的天主教的决心和勇气。

威尼斯受审

    1592年5月26日宗教裁制所第一次开庭审讯了这位哲学家，诗人，文学家和天文学家。宗教审判法庭主席、教皇使节、威尼斯总主教、总宗教裁判官等依次在法庭的审判台上坐定，俨然一群穿着黑衣服的豺狼。

    审判席上一个尖声尖气的人吼了一声："把被告带上来！"布鲁诺被带上了法庭。法官叫他对上帝起誓，他把手放在福音书上起了誓。然后又叫他如实地交代自己的罪行。于是，布鲁诺陈述道："去年，当我在法兰克福的时候，我收到威尼斯贵族乔万尼·莫钦尼柯先生两封信。他在信中邀请我去威尼斯，正如他信中所说的，希望教给他记忆术和发明术。他答应给我殷勤的招待，并要我确信我一定会得到优厚报酬。我是七八个月前到达的。我向他……传授了这两门科学。起初我没有住在他家，后来才搬到他家的。当我确信我已完成自己的职责，把他所要求于我的东西已全部教给他之后，我决定回法兰克福去，以便出版我的一些著作，并于上星期四我要求允许我离开。知道此事之后，莫钦尼柯先生怀疑我存心想离开他家以后把教给他的那些知识再去教给别人……而根本不像我所说的那样是为了去法兰克福。他尽一切努力，力图把把我留下来。当我坚持一定要走时，他先是抱怨说似乎没有把我所允诺的全部教给他，然后便威胁我，声称如果我不想自觉自愿地留下来，他将能找到一个把我留住的办法……"

"第二天，即星期五，乔万尼先生看到，我并没有改变要走的决定，并且已经吩咐下去，而为出发到法兰克福去准备好了行装，于是便在夜晚来找我。当时我已经上床睡觉了。他的借口似乎是想跟我谈谈。当他进来时，是我答应的。再者我也不应该受到这样的对待。就这样他一直把我关到第二天。后来，来了个队长，并带了一个我不认识的人。他命令他们把我带到下面地下室里去。在那里他们把我拘留到深夜。此后来了另一个队长，把我带进神圣机关的监狱。我深信，他们把我关起来是上面说的那个乔万尼努力的结果。他由于上述种种原因，对我十分愤恨，看来他写了密信告发我的什么东西。"

头两次审讯，审判席上的人根本不发问，只有布鲁诺一个人说话。他讲他如何来到威尼斯，他一生都做了些什么事，他的学说要旨是什么。在叙述自己的生平时，布鲁诺对许多事实避而不谈，对一系列事件的描述，角度也有所不同，将重心从本质的东西转移到次要点。不过，在最主要的观点上，在世界观上，他没有从自己的观点后退一步。他维护了自然神学离开神学而自主的独立性。他以英勇无比的气概，论述了自己关于宇宙无限和世界众多的学说。

头两次审讯用了两天时间，这是宗教裁判官的惯用的使人神经衰竭的老一套战术，要布鲁诺交代他生平的基本审讯。第三、四次审讯，是要他谈自己的世界观，用了一天。翌日进行了第五次审讯，以后又进行了第六次审讯。

宗教审判官们清楚地认识到，在智慧和学问渊博方面他们都不如布鲁诺，必须采取一定的手段才能干过对手，于是他们故意将决定性的打击移到最后几次审讯，最初几次庭审只是为了积累材料而已。在审讯中，又故意向布鲁诺提出一个又一个问题，不让他喘息，使他没法判明问题与问题之间的联系，叫他没法集中思想，思索答案，找得论据，使他的神经处于高度的紧张状态。在第四次审讯的后半部分，他们使用了把同一个问题单调地、一个劲地反复提问的战术。在基督是三位一体中的二格问题上，他们采取连珠炮似的提出问题，例如"写过或发表过什么有关第二位格的东西吗？怀疑这个词的化身吗？对基督持何看法？……

您以前发表过什么有关耶稣基督的观点？现在又持什么观点？……对基督的奇迹行为和死亡，你抱什么看法……"

在法庭上，布鲁诺力图给人以这样的印象，似乎他的回答是真诚的，并彻底讲出了全部真情。抱着这样的目的，他在些次要的问题上作了指责自己的"招供"，甚至好像是为了迁就侦讯室的意愿，把自己反对教会的行为讲得深刻极了。他承认在不遵守斋戒问题上是有罪的。

从宗教裁判所对他的态度上，他看出他们向他提出的每一个问题都设有圈套，都有预谋。因此，他的回答往往使人捉摸不透，难以弄明白，他是在讲自己的观点呢，还是仅仅说明一个信徒应该如何思想呢？

从第四次审讯的末尾，审讯便进入一个新的阶段。宗教裁判官们要求被告供认自己的宗教罪行，并且要进行忏悔。布鲁诺拒绝忏悔。

宗教裁判官们认为，布鲁诺顽固不化，死不悔改，不愿意招供所犯罪行，但他的罪行又不够引渡移送罗马教廷。因此，宗教裁判官们便想尽一切办法损害布鲁诺的名誉，把他作为一个犯罪分子来揭发。同时，他们又详细追问布鲁诺跟天主教会的敌人——英国女王伊丽莎白和纳瓦尔亨利的关系。追问他以前被告到宗教裁判所法庭和逃跑的原因。

1592年6月4日，进行第六次审讯。这次审讯主要为下列两个问题：关于从事魔法和关于个人仇敌。他们梦想从布鲁诺的仇敌那里获得对他的坏话和供词。布鲁诺宣布：莫钦尼柯是他唯一的敌人。并声明如下："……他对我进行了极为严重的侮辱，超过了任何一个活人所能做的。他在我还活着的时候，便置我于死地，使我蒙受耻辱，夺去我的东西，在他自己家里逮捕我——他自己的客人，偷走我全部手稿、书籍和其他物品。而且，他这样做只是因为，他不仅想向我学会我所知道的一切，而且甚至不愿意我把这些东西教给别人。如果我不教会他我所知道的一切，他就随时随地拿我的生命和名誉相威胁"。

时隔两个月之后，1592年7月30日，进行了第七次，也是威尼斯宗教裁制所的最后一项审讯。布鲁诺坚决拒绝对自己以前的供词增加任何内容。此后，这个案子由宗教裁判所法庭转到共和国10人委员会，同时并要求将布鲁诺引渡给罗马宗教裁判所。

罗马的铁窗生涯

　　1593年2月下旬的一天，威尼斯的天空乌云密布，雷声阵阵，稀疏的雨点打在行人身上，人们匆匆而过，忽然被宗教裁判所监狱来的一队人马惊扰。一位老者自言自语："他们在押送犯人"。走在这一队人马前面的是几个全副武装的彪形大汉，其后又是几位押解员，他们押解着一个戴着脚链手铐、披枷戴锁的犯人。此人面色苍白，衣冠褴褛，但看上去精神很好、神态自若，他们穿过街巷向海港码头走去。

一艘军舰，停靠在码头上，正等待犯人和押解人员上船。这是专为把布鲁诺从威尼斯送往罗马裁判所而准备的。押送人是伊波罩托·马里阿·贝卡里亚，此人不久就被任命为多米尼克僧团的团长，参加罗马对布鲁诺的审讯。由于土耳其的海盗活动猖獗，所以动用军舰护送以防海上遭劫。

按16世纪基督教会的规定，威尼斯宗教裁判所审完的案子，必须报告罗马宗教裁判所，如果是特别重大的案子，还要把审讯记录和决议的副本送呈罗马。布鲁诺案的审理情况，已报告罗马了，是由罗马教皇使节路多维柯·塔贝欠尔纳送去的。此人十分仇恨布鲁诺。在他的煽动下，罗马的红衣主教维林纳，坚决要求把布鲁诺引渡罗马。于是罗马宗教裁判所于1592年9月下文，要求威尼斯宗教裁判所把布鲁诺引渡罗马。

1593年2月27日，布鲁诺被押解到罗马，囚禁在罗马宗教裁判所的监狱里，从此开始了8年之久的铁窗生涯。

在此期间，宗教权贵们用尽一切威胁利诱手段，企图使布鲁诺屈服，因为他们深知布鲁诺当时闻名全欧洲，是一位影响很大的学者。因此迫使他当众悔罪不失为最好的办法。也就是说，他们不仅要布鲁诺背弃自己为之奋斗的真理，还要利用布鲁诺的声望来维护宗教的威信。但是尽管他们费尽心机，始终没有动摇布鲁诺对真理的坚定信念，在残酷的刑罚面前他毫无畏惧、坚贞不屈，义无反顾地坚持自己的正确观点。他坚信真理必胜。即使在狱中，布鲁诺也没有忘记宣传自己的学说，宣传唯物主义世界观。他无所顾忌地向同牢囚犯讲述关于宇宙无限的学说，抨击宗教神学的无知和愚蠢，高谈阔论地讲他对教会宗教的看法。后来，天主教会对于他终于绝望了。决定对他处以火刑。

布鲁诺被押于罗马监狱期间，宗教法庭对他

进行了多次的审讯。对布鲁诺的审讯工作，由最有权威的一批神学家所组成的检查委员会负责，其中耶稣会著名成员罗柏托·贝拉尔米诺是最卖力的一个。他向来以惯于同异端分子周旋而著称，所以让他主持对布鲁诺的审讯。

1593年12月23日，审讯布鲁诺的第一次高级主教会议召开了，这时布鲁诺押到罗马已有大约10个月了。其间罗马宗教裁判所没有审讯过布鲁诺，他们似乎把他遗忘了。在这次主教会议上，按着宗教裁判所法典，每一个囚犯都可以申述自己的要求，并就自己的案子提出辩白。

宗教裁判官问布鲁诺：你需要什么？有何怨诉？

布鲁诺表示：需要衣服和书籍。

红衣主教们决议给他一件随便什么样的外套和一顶帽子，以及一本八开本的圣托马斯的书。后来还给了他一本多米尼克派的祈祷书，又给他笔和纸，叫他写出"交代材料"。教庭则多方收集他的"异端罪证"，企图迫使他屈膝投降。

　　布鲁诺在押罗马监狱中还受到他在威尼斯时"同牢难友"的叛卖性揭发。其中契列斯蒂诺及格拉齐阿诺等人写出许多揭发布鲁诺的书面材料。因此使布鲁诺的罪名增加了好几条。更出乎布鲁诺意料的是，有人写了一封密告信，从英国经过法国最后传送到罗马宗教裁判官手里，信中指控布鲁诺在伦敦时已被指控为无神论者，并随信附有一本布鲁诺所著的直接抨击教皇和教会的《驱逐趾高气扬的野兽》一书作为罪证。匿名者把书中的"危险"言论一一勾出，并在书的页边上加注了论战性评注。从评注的内容看，此人生活在英国伦敦，比较了解伊丽莎白女王宫廷中的情况，了解布鲁诺在英国的活动，属于伦敦意大利移民的新教公社，是人神学家。他反对布鲁诺，捍卫宗教，特别热烈地维护卡尔文主义。他的告密使布鲁诺的处境更为险恶。

　　宗教裁判官们拿到《驱逐趾高气扬的野兽》

这本书后，随便翻开哪一页，都会从评注中读懂
这本著作中那些复杂的比喻和艺术形象。例如，
书中"狗"字旁边，评注为圣多米尼克派僧侣；
"猴子"旁边注上所有的教士；"鹿"字的旁边
注明为廷臣；"蜥蜴"旁边注上改变信仰的阿谀
奉承之辈……

　　这位页边评注者证明，布鲁诺在这本书中
不仅表现为天主教会的敌人，而且也反对"神圣
信仰的真理"和预定论。并指控说这本书否定祭
神仪式，否定敬拜上帝，否定教会关于穷人"有
福"的教义。还指控布鲁诺公然亵渎基督。

　　宗教裁判官们根据这种评论，指控布鲁诺犯
有诽谤基督教，诽谤摩西，诽谤福音书上关于基
督的故事，反对教皇主义者的偶像崇拜，反对敬
拜圣者，嘲笑约拿书中故事，嘲笑关于亚当的传
说……把这些指控收进宗教裁判官们编辑的"异
端言论"集中。

　　尽管指控布鲁诺的材料又多了一些，但罗马

宗教裁判所长期来，仍只限于重审威尼斯宗教裁判所的审讯的内容。在1594年的一年中，除对每个犯人的例行检查外，没有审讯过布鲁诺。直到1596年的9月18日，才由高级主教会议的神学家们对应在审讯过程中予以驳斥的论点，进行了研讨，便于进一步审讯。

1596年12月16日，宗教裁判所高级主教会议做出决议，决定从布鲁诺的著作中摘出的论点对他进行审讯。1597年3月24日高级主教会议对他进行了审讯，并对他进行规劝，要他放弃那些虚幻的、诸如世界众多之类的见解。

1597年12月23日，宗教裁判所法庭再次审讯布鲁诺，并听取陈述了他的全部要求。

1598年3月16日和12月16日布鲁诺又先后两次受审。在12月16日审讯中给他纸和笔，让他写出报告，迫使他悔罪，否则将对他进一步进行"紧逼的审讯"。这意味着使用各种各样的刑具。不料1598年12月21日，由于山区连降大雨，雨水顺着山坡流进台伯河里，致使台伯河水位不断上涨，开始溢出两岸。在圣诞之夜，河水涨到前所未有的水平，超过了10米，洪水冲进监狱，淹没了牢房，布鲁诺和宗教裁判所的其他囚犯几乎被淹死。罗马城处于一片汪洋之中。这场水灾后。罗马好久未能恢复常态。居民们离开了城市。这座天主教世界的首都顷刻之间变成一座空旷无人的城市。对布鲁诺的审讯也因此搁置下来。

1599年1月8日，教皇克莱门特八世召集红衣主教研究如何处理灾难带来的严重后果。接着不久他向人民宣布：由于上帝发怒而引起了这场灾难，教皇号召人民进行忏悔。其实这场水灾正是教皇西克斯特五世时期在罗马的坎帕尼亚地区滥伐森林造成的后果。

直到1599年1月14日，才再次提审布鲁诺。在这次审讯中作出了关于布鲁诺案的所有决议中最为重要的决议。罗伯特·贝拉尔米诺在教皇克莱门特八世出席的高级主教会议上，宣布关于布鲁诺的"八条异端论点"。1月18日高级主教会议根据指控布鲁诺的八条"异端论点"对布鲁诺进行审讯。

2月4日开庭审讯时，贝拉尔米诺和特派员特拉格辽洛受教皇委派向布鲁诺出示了"异端论点"清单，给他规定40天的悔罪期限。但是，尽管宗教裁判官们用尽一切论据，竭尽一切努力，企图迫使布鲁诺放弃己见。可是布鲁诺却提出了一个使宗教裁判官们感到大为惊愕的庄严声明：决不放弃自己的观点。

两个月后布鲁诺再次被带出监狱，再一次接受全体高级主教会对他进行的审讯。那是一间阴森森的大厅，布置得富丽堂皇。教皇端坐在宝座之上，周围是红衣主教们。还有宗教裁判所的高级官吏、僧侣、戴着兜帽把面孔遮起来的刽子手、武装警卫、罗马贵族和贵宾们。布鲁诺脖子上套着绳索，戴着手铐脚镣，裸露着脊背，从昏暗的牢房里被带到审讯大厅。在审讯中，审判官们费尽口舌，存心刁难，强迫布鲁诺招认那些"异端邪说"，或者抓住他回答的失误，宣布他已"顺从教会"，然后再用忏悔祈祷仪式影响他，并威胁他说拒绝悔罪将导致惨死，用心极其狠毒。然而，布鲁诺经受住了审讯，他坚定不移地再次声明：他不想放弃自己的观点。

最终判决

公元1600年，是罗马教皇政权的大庆之年。通常大庆年庆典都要安排以下两项庆典节目：一个是烧死异端分子，二是宽恕悔过的有罪的僧侣和人们。

罗马教廷的主教们用心险恶地设想：如果布鲁诺在这个大庆之年悔过，穿着悔过罪人的衣服走上街头，领着他在游人队列中边走边用鞭子抽打他，然后再在一些主要教堂里当众凌辱他，作

踏他，那就会产生巨大的影响。如果布鲁诺顽固
不化，死不悔改，则处以死刑。

可是，宗教裁判官们的高级主教会议得知，
布鲁诺的信念和意志坚不可摧，他断然拒绝忏
悔。

于是，教皇克莱门特八世，发出了将布鲁诺
用火烧死的命令。

1600年1月20日，布鲁诺从牢房被押解出
来。他身穿僧衣，显得十分瘦弱，脖子上系着一
条绳索，手里拿着点燃的蜡烛。教堂大门口站着
宗教裁判所的书记官弗拉米尼·阿德里安。他身
穿紫色长袍，头戴四角方帽。这是宗教裁判所法
庭官员的服装。后面是教皇警卫团的士兵，他们
戴着西班牙式的头盔，肩背前膛火枪，腰挂双柄
剑。

宣布布鲁诺的死刑判决书的仪式开始了。红
衣主教们、宗教裁判所的官员们成排地站在宫院
的阳台上，书记官弗拉米尼·阿德里安一字一板地

宣读着判决书，布鲁诺被迫跪在地上。判决书一宣读完，布鲁诺就站了起来，一个刽子手从他手中夺去那支点燃的蜡烛，并吹灭了，这表示犯人的生命已经完了。这时全场死一般寂静，鸦雀无声。突然，布鲁诺冲着宗教裁判官们发出了清晰而威严的喊声：

"你们宣读宣判书时比我听宣判书更感到恐惧吧？"

他以英勇无畏的气概对敌人发出强烈的宣战和嘲弄。

永垂不朽

　　1600年2月17日，年仅52岁的伟大的思想家、哲学家、诗人、天文学家乔尔丹诺·布鲁诺，由于不信神，反对宗教，被烧死在罗马鲜花广场上。刽子手们把他的骨灰抛撒在台伯河中，以防人民纪念这位为真理、为科学而献身的人。然而他的精神不朽，浩气长存。在他牺牲后的289年，罗马教廷不得不公开为布鲁诺平反。1889年，意大利人民在布鲁诺英勇就义的罗马鲜花广场上，建立起一座布鲁诺纪念铜像。台座上镂刻着的献词是：

献给乔尔丹诺·布鲁诺

——他所预见到的时代的人们

布鲁诺生前有一句名言：英雄总是"死在一时，活在千古"。我们用他的这句话来评价布鲁诺本人，则是再恰当不过了。布鲁诺英勇就义，离今天已是400多年的历史，但是世界各国人民，却没有因为时光的流逝而把他遗忘。相反，他的可歌可泣的英雄事迹和大无畏精神，为世人所继承，并正鼓舞人们去捣毁禁锢人们头脑的思想枷锁。

早在17世纪初期，与布鲁诺同一个时代的有知识、有文化的人，就非常赞赏他的学说。例如法国唯物主义哲学家伽桑狄，就积极捍卫布鲁诺的无神论，宇宙无限大的学说。空想社会主义先驱者康帕内拉，也接受了布鲁诺关于宇宙无限大的学说。弗朗西斯·培根著作的《新工具》一书中，许多语句是接近布鲁诺著作中的语言。甚至伟大的天文学家伽利略所著的《关于两个世界体系的对话》中的一些段落，也非常相似于布鲁诺的《圣灰星期三的晚餐》中的语言和结构。

布鲁诺是第一个奋起捍卫哥白尼学说的人。1584年他出版的《论无限宇宙和世界》一书指出：宇宙是无限的。其中拥有无数个世界，恒星都是遥远的，太阳只是千千万万颗恒星中的普通一员，太阳不是宇宙的中心，无限的宇宙根本不存在中心……这些天才的见解远远超越了时代，直到3个世纪后才逐渐为科学所证实。这些见解是对哥白尼学说的一个重要发展。在他的宇宙图像中没有给上帝留下任何地盘，因而教会把他视为最凶恶的敌人。开卜勒公开承认，他本人是在德国哲学家库萨的尼古拉，以及意大利的布鲁诺的启发之下，才认识到宇宙是无限的。荷兰哲学家斯宾诺莎的唯物主义泛神论思想，同布鲁诺学说有着密切的联系。这说明布鲁诺的哲学思想对17、18世纪欧洲的哲学有着巨大而深刻的影响。

他的文学思想也深深地影响着数代人。法国

著名文学家莫里哀，深受其影响和鼓舞。他所写的10来部剧本的场景和人物，多来源于布鲁诺的喜剧《烛台》。据报载，布鲁诺的喜剧改写本，早在1633年已经流传于巴黎街头的拥护者，是敢于向"经院哲学最崇拜的偶像"发动进攻的人。哲学家莱希尼兹、莱辛和赫尔德等，都自称是布鲁诺的弟子。

俄国的许多革命的民主主义人士，也高度赞扬布鲁诺。赫尔岑称布鲁诺是"为反对宗教的思想而被迫害"牺牲的英勇战士，是文艺复兴时代进步思想家当中一颗最灿烂的明星。他认为布鲁诺的主要哲学功绩是奠定了唯物主义的基石，摧毁了肉体和"灵魂"的对立，承认了存在与思维的统一性。车尔尼雪夫斯基对布鲁诺的评价更高，说他是站在"世界革命斗争的最前列"。俄国著名文学家皮萨列夫，称布鲁诺是"无神论思想的泰斗"。

最有趣和最值得一说的，则是在大革命前夕

的法国，有人在巴黎曾以"复活了的乔尔丹诺·布鲁诺"为名，写了一篇唯物主义论文，可见布鲁诺已成为"革命家"的同义词了。

布鲁诺的可歌可泣的事迹，他的哲学思想，自然科学观点，早已被一些国家编写成故事，编入中小学课本之中，他的伟大的形象，已成为青少年学习的榜样。

那是在布鲁诺还活着的时代，在佛罗伦萨的一次学术讲座会上，一位与会者受到布鲁诺宇宙无限思想和其他哲学思想的直接影响，对宇宙飞行作了大胆的幻想。他说："啊！要是能到这些世界去做一次旅行，那该是多么美妙啊！要知道，从一个世界飞到另一个世界，那可不是从法国、德国、意大利到西班牙绕一圈啊，甚至也不同于从东印度横渡大洋的旅行啊！"

焚烧布鲁诺的罪恶的火焰早已熄灭，一缕青烟随风而散了，但布鲁诺的名字永远铭刻在一代又一代人的心间，他是鼓舞人们奋进的力量。

世界五千年科技故事丛书